Clairs de Terre

Clairs de Terre

Conçu et réalisé par
Kevin W. Kelley
pour l'Association des Explorateurs de l'Espace

Traduit par
Jerry Cornelius

BORDAS

Édition française parue sous le titre de
Clairs de Terre

Dépôt légal 1re édition : novembre 1988

Nouvelle présentation :

Dépôt légal : octobre 1995
ISBN 2-04-027154-6

Coordination éditoriale : Alain de Gueldre
Édition : Joëlle Fayt
Coordination technique : Sylvie Bayer
Corrections : Geoffroy Dubray

L'édition française de cet ouvrage doit grandement à l'intervention du professeur Benoît Othmar-Krantzen et de MM. Hendryk Belvö, Houcine Chakir, Istvan Dziubek, Vance Hill, Alain Impens et A. Nadir Popularius

Édition originale :
The Home Planet

ISBN 0-201-15197-9

Coordination éditoriale : William Patrick
Édition : John Bell
Conception graphique : Carol Denison
Design : Douglass G. A. Scott,
assisté de Jeanne Lee et Matthew Bartholomew
Production : Lori Foley

L'édition originale de cet ouvrage a été partiellement subventionnée par l'Institut des Sciences noétiques

Photocomposition : Optigraphie (Bruxelles)
Impression et reliure : Graficas Estella, Estella
Imprimé en Espagne

Cet ouvrage est dédié à tous les enfants du monde

Frontispice :
La Terre prise à près de 40 000 kilomètres

Sommaire

Préface

Jacques-Yves Cousteau

Comme la plupart des pères, par des nuits constellées d'étoiles, il m'arrivait de prendre chacun de mes deux petits garçons pour un coup d'œil vers l'infini. La splendeur d'un spectacle hors de leur portée réduisait leur bavardage au silence pour quelques secondes. Ils tendaient leurs bras et fermaient leurs petits doigts en une futile tentative de saisir l'une de ces pétillantes étincelles qui peuplent nos rêves. Mes tout-petits obéissaient sans le savoir au commandement cité par Ovide : « Dieu éleva le front de l'homme et lui ordonna de contempler les étoiles. »

Aucun de nous trois n'a été doté du destin d'un explorateur de l'espace, et je sais que dans notre subconscient nous le regrettons profondément. Mais nous avons tous les trois dédié notre vie à explorer un autre infini, la Mer ; et chaque fois que nous avons rencontré des pionniers de l'espace, et que nous avons discuté ou travaillé avec eux, nous nous sommes sentis leurs frères.

Mon père avait quatre-vingt onze ans quand le programme *Apollo* fut mis en action. Il ne crut jamais qu'un être humain atteindrait la Lune. Quand Borman, Lovell et Anders, à bord d'*Apollo 8*, firent dix fois le tour de la Lune, il me dit : « Merveilleux. Extraordinaire. Mais crois-moi, ils n'*atterriront* jamais sur la Lune. » Malheureusement, il mourut peu avant qu'Armstrong fît ses premiers pas historiques sur la reine de nos nuits.

Depuis, des sondes ont été envoyées vers la plupart des planètes du Soleil ; des stations spatiales ont été mises sur orbite pour démontrer que des êtres humains peuvent vivre et travailler dans l'espace ; des astronautes et des cosmonautes ont pu sortir de leurs stations, marcher dans l'espace, et même y effectuer des réparations essentielles. Un programme destiné à débarquer des pionniers sur Mars est en préparation.

La technologie acquise a aussitôt été appliquée à des utilisations pratiques et profitables : télécommunications planétaires, positionnement précis des navires et des aéronefs, télédétection permettant d'ausculter notre planète par satellite, d'inventorier ses ressources ou de suivre les migrations de baleines, de poissons ou d'oiseaux. Malheureusement, ces techniques sont aujourd'hui quasiment monopolisées par les militaires.

Les retombées ont été étonnamment bénéfiques à la connaissance, à la science et à l'avenir de l'humanité. Mais cela n'était pas prévisible quand Gagarine fut mis sur orbite, en 1961, à bord de *Vostok I*. À l'origine, les pionniers de la plus grande aventure de tous les temps étaient motivés par le besoin d'explorer, par le pur esprit de conquête, par l'irrésistible désir d'ouvrir de nouveaux domaines au génie humain. J'ai eu l'occasion d'écouter les explorateurs de l'espace de tous les pays, réunis récemment à Paris; ce sont précisément ces sentiments qu'ils échangeaient amicalement.

De leurs voyages exceptionnels, ils sont tous revenus avec la révélation de la beauté. Beauté du ciel noir, beauté et diversité de notre planète, beauté de la Terre, vue depuis la Lune, ornée d'une ceinture scintillante d'orages équatoriaux. Tous insistent sur l'unité de notre planète, sur l'inanité des frontières ; tous sont convaincus que l'humanité est un équipage unique embarqué sur le vaisseau spatial Terre. Ils soulignent que ce joyau fragile est à notre merci et que nous devons absolument tous contribuer à le protéger.

Le sens de la conquête spatiale est symbolisé par les célèbres photographies de la Terre prises de la Lune, qui annoncent la naissance d'une conscience planétaire qui contribuera à édifier un avenir de paix pour l'humanité. Cet avenir est entre les mains de ceux qui consacrent leur vie à explorer les trois infinis de Teilhard de Chardin : l'infiniment grand, l'infiniment petit et l'infiniment complexe. Et de toute la beauté qu'il découvrent en franchissant sans cesse des frontières fuyantes, ils sentent monter en eux, pour la nature et pour l'humanité, un amour infini.

Notre Terre de beauté

Patrick Baudry

Ronde, mais surtout belle, majestueuse et fragile. Ainsi nous apparaît notre vieille Terre vue d'en haut.

Belle et majestueuse, les images splendides qui illustrent cet ouvrage en témoignent page après page.

Clairs de Terre présente les photos les plus éblouissantes (et pour la plupart inédites) que nous, astronautes et cosmonautes de dix-huit pays, avons ramenées de nos différentes missions spatiales. Elles sont accompagnées de réflexions que nous ont inspirées ces moments inoubliables.

En parcourant ce livre, j'ai ressenti une émotion proche de celle que j'ai éprouvée dans l'Espace.

Mais notre Terre est fragile aussi. C'est pourquoi cette œuvre commune se veut synonyme d'espoir.

Espoir, car elle symbolise l'existence d'une famille de femmes et d'hommes unis par une même passion, au-delà de toute distinction de race et de nationalité, dont la vision du monde est à jamais changée.

Espoir, car elle concrétise leur volonté de montrer à quel point notre planète est unique et combien il est important de la préserver.

Espoir enfin, lorsque notre Terre s'offre ainsi à nos yeux, sans indication de frontière, sans nom de pays, avec pour unique visage sa beauté noble et majestueuse.

Une ouverture sur le paradis

Jean-Loup Chrétien

TERRE !!! TERRE !!! Ce cri de joie poussé par ceux de nos ancêtres qui au terme d'un long voyage retrouvaient le sol béni, porteur de la vie qui les avait fait naître, est devenu un message pour l'éternité; TERRE, tu nous fascines, inconsciemment car il est si difficile de te quitter que seule notre imagination peut nous faire croire qu'on sera mieux ailleurs ; tu nous nourris ; tu nous émerveilles par la beauté de ta parure ; et pourtant nous n'avions de cesse d'essayer de partir. Notre condition humaine doit être bien fragile, car même en ton sein tu portes des éléments qui nous sont hostiles : les océans ont englouti bon nombre de nos congénères et le vol humain n'inspire guère au commun des mortels la sécurité du vol des oiseaux...

Qu'en sera-t-il dans le Cosmos ? Exception faite des missions lunaires, nous nous sommes cantonnés à évoluer tout près de toi, à quelques centaines de kilomètres au-dessus de la surface. Après quelques heures, l'homme de l'espace a le nez collé aux hublots et s'extasie ; après quelques jours il perfectionne ses connaissances géographiques ; après quelques semaines il rêve à ce qui se passe sous ses pieds, à la Nature qui vit, aux cris des enfants, au chant des oiseaux, au bruissement du vent dans les feuilles des arbres ; après quelques mois, ces hublots sont une ouverture sur le paradis, et la mission devient une épreuve. Des sondes automatiques ont visité et photographié tes sœurs planètes du système solaire ; nous avons ainsi découvert des paysages d'enfer, des surfaces chaotiques et sans vie ; certaines sont enveloppées d'une atmosphère redoutablement hostile pour l'homme, où le précieux oxygène fait place au soufre, au méthane ou autres gaz toxiques ! Il n'y a pas de doute, parée de ta fragile robe bleu et blanc tu es de loin la plus belle, éblouissante dans ce bleu phosphorescent sur fond noir de néant ; la plus accueillante de tes rivales ne peut nous offrir que le SAHARA !... mais un SAHARA où il faudrait vivre en scaphandre, par des températures évoluant entre −50° et +100°.

Avant de s'avoir s'il en existe de plus belle que toi, ce qui n'est pas pour tout de suite, ni pour demain, sachons te préserver et te donner enfin le soin et le respect que tu mérites, pour tout ce que tu nous donnes.

Puisses-tu le donner encore à notre descendance.

La Terre, notre demeure

Russell L. Schweickart

Nos descendants qui se pencheront sur les premiers balbutiements de l'exploration spatiale devront s'attacher à la signification qu'a eue pour les acteurs de cette épopée le fait de compter parmi les premiers êtres humains à voyager et à vivre au-delà de l'atmosphère terrestre. Certains historiens s'attacheront à enjoliver les faits, au grand embarras des pionniers survivants. D'autres traduiront l'entreprise en termes de rivalités géopolitiques ou y verront une quête scientifique visant à comprendre le milieu cosmique qui nous entoure ainsi qu'à appréhender la place que nous y occupons. D'autres encore insisteront sur le développement des capacités de l'humanité et sur le désir de décrypter les mystères de la Terre, deux conséquences de l'inexorable poussée de la technologie. Ils s'appesantiront sur les bénéfices commerciaux recueillis par « ceux qui étaient là les premiers ».

En réalité, pour ceux d'entre nous qui ont vécu cette expérience, l'incroyable excitation d'avoir été sélectionnés comme astronaute ou comme cosmonaute a rapidement fait place à la routine d'un dur labeur. Des milliers d'heures se sont passées à effectuer des simulations, à suivre des sessions d'entraînement, à construire des maquettes, à passer en revue des cargaisons, à compulser des listes de contrôle, à assister à d'interminables réunions préparatoires aux missions — et j'en passe. Des milliers de personnes qui sont impliquées dans le processus de lancement d'un vaisseau dans l'espace, pratiquement aucune n'a une vue d'ensemble de l'opération. Ainsi, nous, les pilotes, nous n'avions qu'une connaissance très fragmentaire de nos engins. Parfois, la complexité de l'entreprise était si écrasante qu'il nous était impossible d'imaginer que cette dernière aboutirait simplement à propulser loin de la Terre quelques êtres faits de chair et de sang, perchés au sommet d'une colonne de flammes.

Malgré tout, ce moment est arrivé à chacun de ceux qui ont participé à cet ouvrage. Aucun de nous n'oubliera le jour (ou la nuit) du lancement... un jour semblable à tous les autres, mais pourtant si différent. Deux êtres alors coexistent dans une même enveloppe charnelle : l'un effectue les gestes routiniers, l'autre attend, détaché de toute réalité.

Jusqu'au moment où ils pénètrent dans le vaisseau. Alors la réalité reprend le dessus. Préparatifs, simulations et contrôles : tout cela appartient au passé. Le moment du compte à rebours est enfin arrivé. Vous entendez, vous subissez les vibrations des moteurs. Et enfin vous vous élevez lentement, sans hâte, majestueusement, d'une façon presque provocante. L'ingéniosité et la détermination avec lesquelles la technologie s'est attaquée à la barrière de la pesanteur sont manifestes et vous en êtes les témoins privilégiés.

Mais vous n'avez guère le temps d'y penser. Vous êtes trop occupés. Que vous effectuiez une mission de longue durée ou non, que vous partiez pour la Lune ou que vous soyez envoyés en orbite terrestre, il ne vous est guère loisible de vous attarder au badinage, de jouer au touriste ou de vous consacrer à la rêverie et à la réflexion. Les tâches domestiques sont sans fin... et obligatoires. L'apesanteur exige que tous les objets utilisés soient remis à leur place, habituellement dans des conteneurs ou dans des armoires. Des heures se passent à déballer et à remballer : tout objet oublié risque de venir flotter de façon incongrue devant vos yeux et de vous perturber à un moment critique de la tâche ou de l'expérience suivante. Et les ventilateurs de vrombir, les pompes de ronfler, l'air de chuinter et la radio de bourdonner et de transmettre des messages rédigés dans un sabir bourré de chiffres et d'acronymes.

Pourtant, nous sommes des êtres humains. Pas des machines. Par le hublot, nous apercevons un énorme tourbillon de nuages qui se déploie au milieu du Pacifique, ou la botte de l'Italie qui se baigne dans la Méditerranée, ou encore des récifs coralliens d'un bleu éclatant, dont la beauté éclipse celle des étoiles. En ces moments que chacun d'entre nous a grapillés sur le temps imparti au sommeil, ou que nous avons pu récupérer entre deux tâches, nous avons tous fait montre de ces qualités inhérentes aux êtres humains : crainte, curiosité, émerveillement, joie et étonnement. Ce sont ces expériences-là qui rapprochent tous ceux qui ont navigué dans l'espace ou au voisinage de notre planète. Longtemps après les missions, ce sont encore ces moments privilégiés qui survivent dans nos mémoires et dont nous analysons l'interaction avec notre propre personnalité.

Pour moi qui ai passé dix jours en apesanteur, en orbite autour de notre belle planète, fasciné par les quelque 27 000 kilomètres de scène qui s'étendaient à chaque heure sous le vaisseau, ma mission s'est traduite par l'éclosion d'un nouveau sentiment. Pas sur le plan intellectuel : la somme des connaissances que j'avais déjà acquises ne s'est guère accrue au cours de mon séjour dans l'espace. J'ai, il est vrai, mené à bien des expériences scientifiques qui ont quelque peu amélioré notre compréhension de la Terre et de son environnement immédiat. Mais ces extensions de notre savoir, ces détails techniques, je ne les ai connus qu'après que les données que j'ai recueillies ont été analysées et publiées. Ce qui ne demandait aucune étude, ce qui n'exigeait aucun examen au microscope, aucun traitement laborieux, c'était cette beauté époustouflante... ce contraste violent entre les couleurs éclatantes de notre demeure et le noir profond de l'infini... cette soudaine prise de conscience de la relation de parenté qui nous lie à tous les êtres vivant sur cette planète étonnante... la Terre.

Pour moi, ce fut comme une version démesurément amplifiée des émotions qui nous étreignent lorsque nous découvrons le panorama qui se déroule à nos pieds après avoir escaladé un pic élevé. Il n'y a pas que les yeux qui se régalent. Sentir le parfum qui monte du tapis d'aiguilles de pin que nous foulons tout au long du chemin, entendre les écureuils dérangés invectiver l'intrus que nous sommes depuis leur sapin personnel, contempler avec respect la voûte étoilée, engoncé dans un douillet sac de couchage... toutes ces sensations nous remplissent le cœur lorsque nous atteignons le sommet d'une montagne. En fait, vous embrassez visuellement toute la vie avec laquelle vous êtes en contact. Il en est de même dans l'espace. Pour moi, ce fut comme si je contemplais en même temps notre planète et les êtres vivants qui y évoluaient... comme pour les écureuils et les pins, c'est ce sentiment dominant qui m'a étreint le cœur.

Plus tard, en y repensant, en revivant encore et encore cette expérience, je me suis rendu compte qu'il ne s'agissait pas d'une espèce de remémorisation sentimentale d'une gloire passée. Je commençai à comprendre que c'était la manifestation personnelle d'un sentiment de parenté que l'on ne peut connaître qu'intellectuellement, puisque son approche directe est impossible. Nous savons tous que les systèmes vivants de cette planète sont étroitement liés entre eux et que notre propre futur, à nous les hommes, dépend de la prospérité des forêts humides et des marais salants. Nous avons pris conscience du fait que la production des biens et des services peut endommager, voire détruire, l'environnement dont nous et nos enfants dépendrons. Tout cela, notre intelligence l'a saisi. En fait, nous nous sentons apparentés au reste de l'humanité au travers de la photo d'une mère et de son enfant, des larmes de joie ou de chagrin que l'on voit couler, d'un rire que l'on perçoit, d'une musique que l'on écoute ou d'une danse que l'on admire. Et tous nous craignons la mauvaise utilisation des pouvoirs que nous avons acquis par le progrès des technologies. Voir cette étonnante planète depuis l'espace fait dépasser au sentiment qui vous étreint le cadre de l'intellect, pour vous toucher au plus profond de vous-même.

Chacun de ceux qui ont vu la Terre déployer tous ses charmes, orbite après orbite, exprimera diversement cette sensation. Nous sommes tous différents. Nous provenons de cultures dissemblables. En outre, les origines et les acquis des membres d'une même société varient considérablement. Il n'est donc pas étonnant de voir décrire de multiples façons les sentiments et les impressions que la Terre inspire à ses admirateurs. Malgré tout, c'est cette chaîne d'or, sur laquelle viennent s'enfiler toutes ces expressions d'expériences individuelles, qui engendre la magie de la vie. Nous passons notre temps à identifier et à souligner les différences que nous distinguons autour de nous et jusqu'en nous-mêmes. Et pourtant, ce sont ces sentiments que nous ressentons, cette crainte ou cette joie que nous partageons, cet amour que nous éprouvons, qui nous réunissent, nous les êtres humains, au-delà de toutes nos disparités.

C'est ce sentiment commun que notre planète nous inspire qui a rassemblé nombre d'entre nous sous la bannière de l'*Association des Explorateurs de l'Espace*. Nous espérons que cet ouvrage permettra de saisir cette nouvelle relation qui s'est établie entre les êtres humains et la planète qui leur offre asile. C'est la chaîne d'or qui nous unit tous — autant que nous sommes — et sur laquelle nous voudrions vous voir méditer, longtemps après que la beauté des images les plus captivantes se sera effacée de votre mémoire. Elle remplit mes pensées et continuera à m'émerveiller jusqu'à la fin de ma vie.

Pour l'amour de l'art

Oleg Makarov

Les cosmonautes sont des êtres taciturnes, surtout lors de leurs missions. Entre cinq et sept secondes leur suffisent pour exprimer les pensées les plus complexes. Du moins, je le croyais. Mais, il y a peu, on m'a demandé d'écouter les enregistrements des communications qui s'échangent entre le centre de contrôle et les explorateurs de l'espace. J'ai été, je l'avoue, sidéré. Dans les secondes qui suivent la mise sur orbite, tous les cosmonautes, mécaniciens de bord froids et réservés ou pilotes un peu moins flegmatiques, tous expriment un même sentiment confus, fait de délice et d'émerveillement.

Curieux, j'ai analysé les dialogues initiaux d'un assortiment de missions diverses et j'en ai extrait une caractéristique commune : cosmonaute solitaire d'un des premiers *Vostok* ou membre d'équipage d'un moderne *Soyouz,* nul n'a pu réprimer le besoin d'extérioriser son admiration à la vue de ce panorama ensorcelant que nous offre la Terre. Cette bouffée d'émotion dure en moyenne quarante-deux secondes.

Tous ceux qui ont vu notre planète depuis l'espace en reconnaissent la beauté incomparable. Cette splendeur n'est pas tout : quelque chose qui est lié au caractère inattendu de cette vue, à son incompatibilité avec ce que nous avons ressenti, connu ou mis en pratique ici-bas provoque une profonde réaction émotionnelle.

Je me suis extasié devant le spectacle du continent américain tout entier, illuminé du Pacifique à l'Atlantique par un incroyable et éphémère rayon de soleil. J'ai été subjugué par le miroir de l'Amazone, de ses affluents et de ses marécages, un miroir pareil à un œil ensorcelant, dont le clignement constitue l'aimable salut de la

Terre à l'espace, aux étoiles et aux poussières microscopiques.

Je me souviens de mon premier vol en compagnie de Vassili Lazarev. J'étais suspendu dans le module orbital, préparant la caméra miniature aux neuf lentilles, destinée à photographier un corridor du territoire soviétique depuis la mer Noire jusqu'au Pamir, et estimant l'utilité de prendre ou non des clichés spectrozonaux. Je dois ajouter que, lorsque le hublot fait face au sol, il vous est impossible de voir l'horizon : vous avez l'impression d'une carte se déroulant sous la capsule. Une carte exactement pareille à celles que l'on étudie à l'école, avec ses mers, ses montagnes, ses fleuves et ses masses continentales aux contours bien dessinés. Inconsciemment, vous cherchez méridiens et parallèles et vous éprouvez un sentiment étrange en ne les trouvant pas. La correspondance des couleurs entre le monde artificiel des géographes et celui que l'on découvre est excellente : les nuances rougeâtres du Sahara le disputent au jaune des déserts de l'Asie centrale et au bleu saphir des océans. Depuis l'espace, vous vous dites que la planète Terre devrait être rebaptisée, de façon plus appropriée, « la planète Mer ». C'est sur une poussière d'îles qu'une multitude d'êtres ont trouvé asile pour y vivre et s'y développer.

L'artiste de génie qui a peint notre monde a tiré ses couleurs, exceptionnellement pures, d'une palette à l'assortiment illimité. Je me souviens. Nous survolions la Crimée. C'était l'automne. Les jaunes délicats des blés chatoyaient, multipliant les ombres dans la région de Kuban. Quinze minutes plus tard, nous distinguâmes le vert tendre des forêts de la Taïga, bientôt remplacé par le brun foncé de l'Himalaya puis par le bleu lumineux de l'océan.

Tous les cosmonautes vous avoueront que le charme de l'espace — auquel ils ont pourtant tous rêvé — s'évanouit bien vite. Ce n'est pas le noir uniforme des abysses cosmiques qui attire le regard, c'est le spectacle de cette petite boule nimbée de bleu — notre planète. Soudain, vous prenez conscience, comme jamais auparavant, que vous êtes un habitant de la Terre.

Votre corps tout entier capte la puissance des moteurs de la fusée; et pourtant, inconsciemment, vos pensées se tournent vers cette frontière ténue qui vous sépare du froid mortel et du vide infini de l'espace, capables d'anéantir toute vie instantanément et sans pitié. Vous admirez la Terre avec émerveillement et adoration. Ce n'est pas seulement votre chez-vous, votre monde que vous regardez, mais c'est cette force, cette puissance que le génie et l'habileté de l'humanité toute entière vous ont offertes. Peut-être s'agit-il là d'un fait unique dans l'immensité de l'Univers.

Je pense que ces sentiments et ces réflexions — ou d'autres similaires — ont provoqué la naissance d'une fraternité particulière entre les habitants de la Terre. Les voyageurs de l'espace ont tous compris qu'ils sont, en dépit de leurs différences, les locataires d'une même maison. Préserver cette demeure — la seule dont l'humanité dispose — est devenu leur souci majeur. Ils ont compris que toute situation difficile, tout désaccord, tout obstacle, tout peut être surmonté.

En 1981, plusieurs d'entre nous, dont Mike

Murphy, Jim Hickman, Georgi Arbatov et Andrei Kokoshine, ont imaginé la création d'un organisme qu'ils ont baptisé *Association des Explorateurs de l'Espace*. Après de longues tractations, la première réunion de travail s'est tenue en 1983 à Pouchkino, près de Moscou. Les participants (Russell Schweickart, Mike Collins, Ed Mitchell, Alexei Elisseïev, Alexei Leonov, Vitali Sebastianov et Valeri Koubazov) ont bien vite vu qu'ils pouvaient — et devaient — entreprendre une action commune. Notre souci majeur et notre responsabilité personnelle concernent la protection et la préservation de l'environnement terrestre. Nous avons décidé, si les efforts engagés dans la fondation de notre association étaient couronnés de succès, d'articuler les débats de notre premier congrès autour du thème : « La Terre, notre demeure ». Nous avons également tenu à récompenser la personne dont la vie constituait un exemple de respect vis-à-vis de tous les êtres vivants et des richesses de la Nature. Le prix a été décerné à l'unanimité à Jacques-Yves Cousteau, qui nous a rétorqué : « Vous nous avez aidés à comprendre les étoiles. Vous avez modifié nos idées concernant l'humanité, l'espace et l'inconnu ; c'est important pour l'existence d'un bonheur futur. »

Nous nous sommes revus depuis, nous avons discuté, nous nous sommes écrit de longues lettres, nous avons eu d'interminables conversations téléphoniques et nous avons découvert une foule de détails sur lesquels nos opinions divergeaient. Nous provenons de pays différents et, si les distances qui nous séparent nous paraissent monstrueuses sur Terre, cette même planète vue de l'espace ne nous apparaît plus que comme une petite sphère bleue aux dimensions réduites. Toutes ces différences, toutes ces difficultés sont surmontables. Visant tous le même but — un but si simple à atteindre —, il nous est aisé de découvrir les mots justes pour rendre nos convictions et notre savoir plus compréhensibles à chacun des habitants du globe et pour leur transmettre plus rapidement le message. Nous espérons que chaque être humain partagera notre perception cosmique du monde et notre désir d'unir tous les peuples de la Terre dans la volonté de sauvegarder notre demeure commune, si belle, si fragile et si unique.

Une poussière d'éternité

Kevin W. Kelley

Au moment où j'écris ces lignes, cinq êtres humains flottent dans une station spatiale qui vogue à 650 kilomètres de notre planète et abat quelque 27 000 kilomètres d'un vide glacé et noir à chaque heure qui passe. La loi de Newton nous précise que tous les objets s'attirent en raison inverse du carré de leurs distances. Mais, d'après ma propre expérience, l'attraction exercée par la Terre sur l'esprit des aventuriers de l'espace ne cesse de croître à mesure que leur vaisseau s'éloigne de leur base terrestre.

Au retour de leur mission, nombre d'astronautes et de cosmonautes avouent avoir été métamorphosés de façon irréversible par la seule vue de notre planète depuis l'infini intersidéral. J'ai moi aussi vécu cette scène au gré de mes rêves. Cette vision m'a toujours laissé une sensation de paix et de bien-être. Si ces illusions issues de mon imagination peuvent être aussi émouvantes, si l'expérience visuelle authentique paraît si bouleversante, pourquoi ne pas tenter de faire partager ces émotions par tous ? Pourquoi ne pas rassembler les plus belles des photographies de la Terre jamais prises depuis l'espace ? Et pourquoi ne pas les associer avec les pensées et les sentiments de ceux qui ont pris les clichés ? Une visite à l'*Air and Space Museum* de Washington m'avait donné un avant-goût de ces images extraordinaires. D'autres, innombrables, devaient à coup sûr dormir dans les archives. Ce qui ne me laissait qu'un seul problème : contacter les astronautes et les cosmonautes du monde entier et recueillir leurs pensées les plus intimes.

L'Association des Explorateurs de l'Espace, une organisation internationale regroupant tous ceux qui ont parcouru une orbite terrestre au moins, a heureusement joint ses efforts aux miens. Sa collaboration et son appui m'ont permis de rassembler le matériel dont j'avais besoin. J'ai été ébloui par la palette des observations, plus étendues que celle de mes rêves les plus fous et les plus vivaces. Mais ce sont ces textes, personnels et souvent pleins d'esprit, qui ont été pour moi les plus gratifiants. Leur enseignement est capital : que nous passions une année en orbite terrestre ou que nous effectuions une mission lunaire plus courte, nous emmenons toujours avec nous un petit bout d'humanité. En outre, l'espace paraît amplifier les caractères de notre nature humaine.

Ma quête photographique a débuté par le passage en revue des images de grand format ou de format moyen conservées dans les archives de la NASA. J'ai pu éplucher les collections soviétiques, ainsi celles regroupant les clichés pris par les caméras cartographiques les plus perfectionnées qui soient, dont la LFC, la caméra grand format (20 cm × 48 cm) utilisée depuis la navette spatiale. Sélectionner quelque 2 500 photos fut une opération de longue haleine, particulièrement difficile. La tâche aurait été plus aisée si l'on avait eu la faculté de publier 600 images. Néanmoins, nous avons tenu à déployer une gamme aussi étendue que possible de couleurs, de textures, de paysages et de figures météorologiques, sans nous préoccuper du lieu géographique. En fait, ce n'est qu'après avoir assemblé cet ouvrage que nous nous sommes intéressés à la localisation des scènes à notre disposition. Deux critères essentiels ont été à la base de la sélection des clichés : la beauté et le rendu des différentes facettes de notre monde. J'ai tenu à ce que l'ensemble des images reflète la diversité des formes terrestres : formations géologiques, océans, nuages, montagnes, déserts, îles et volcans. A la fin de ce livre (page 237), vous trouverez une description détaillée de chacune de ces vues.

Les photographies que vous découvrirez ici n'offrent qu'un aperçu restreint et sélectif de notre planète. Ne vous leurrez pas : la seule lecture de cet ouvrage ne vous autorise pas à claironner « j'ai vu la Terre ». De fait, astronautes et cosmonautes sont unanimes : jamais une photo, aussi belle soit-elle, ne parvient à rendre l'émotion indicible que suscite notre monde vu de l'espace. Les couleurs ne sont pas aussi éclatantes; les ombres sont atténuées ou moins nombreuses; vous n'avez pas une vue tridimensionnelle, et bien sûr l'écrin noir sur lequel est posée la Terre manque. Selon les participants aux missions *Apollo,* vue de la Lune notre planète ressemble à une petite bille délicatement marbrée de blanc et de bleu. Ce monde, et tout ce qu'il représente, est si minuscule qu'un simple pouce placé dans la direction du regard suffit à le cacher. James Irwin, le premier astronaute que j'ai interviewé, m'a dit : « Imaginez ce que représentera pour les premiers conquérants de Mars le fait de voir la Terre rapetisser progressivement pour devenir une simple étoile parmi les autres étoiles. Pensez à ce que ces hommes éprouveront alors. » Il n'existe aucun moyen de savoir ce qu'ils ressentiront, mais une chose est certaine : l'espace nous permet de voir notre monde avec des yeux nouveaux, sous une perspective qui pourrait être importante pour notre futur.

La réalisation de cet ouvrage, l'examen de

dizaines de milliers d'images, les entretiens avec les explorateurs spatiaux, le dépouillement des souvenirs et des impressions sur l'espace, tout cela m'a métamorphosé. Le contexte de ma propre réalité s'est élargi. J'ai conscience de marcher sur une planète dont la rotation produit le jour et la nuit et fait, à chaque heure, parcourir 1 600 kilomètres aux habitants de ses zones équatoriales — une planète qui fonce sur son orbite à plus de 100 000 km/h. Je prends conscience de l'existence de notre Soleil et de son cortège planétaire, se déplaçant autour de la galaxie à plus de 800 000 km/h. Je me représente cette galaxie qui se précipite à une vitesse incommensurable dans une direction qui m'est inconnue, au milieu d'un univers en expansion peuplé de milliards d'autres galaxies en quête d'éternité. Cette façon de considérer l'Univers et le phénomène étrange qu'est la vie est — je pense — importante pour définir notre propre identité d'être humain et pour envisager notre survie. J'espère que cet ouvrage vous ouvrira les yeux et vous permettra d'apprécier la beauté, le prodige incroyable et le mystère insondable qui se dégagent de ces pages ouvertes sur l'infini.

Clairs de Terre

Ich hatte mir gewünscht, daß die Menschen mich nach meiner Rückkehr gefragt hätten, wie es mir dort ergangen ist. Wie ich mit der glitzernen Schwärze der Welt fertig geworden bin, und wie ich mich als Stern, der die Erde umkreist, fühlte.

Reinhard Furrer
Bundesrepublik Deutschland

J'aurais souhaité, après mon retour, que les gens me demandent comment c'était là-haut, comment je m'étais associé à cette noire brillance du monde et quelle impression cela m'avait fait d'être comme une étoile tournant tout autour de la Terre.

Reinhard Furrer
République fédérale d'Allemagne

Un croissant de Terre

Les préparatifs

Vitaly me caresse et m'embrasse. C'est qu'il a bien compris, le cher ange, que son père va s'envoler pour longtemps.
Avant que je ne quitte la maison, nous nous étions assis autour de la table de la cuisine. Il y avait là le pain, le sel et l'eau, selon la tradition. Quand nous nous sommes éloignés de la maison, j'ai jeté un regard vers le balcon et j'ai vu mère essuyer ses larmes. Je lui ai fait un grand signe de la main, mais elle ne m'a même pas vu.
C'était une belle matinée — ciel clair, ensoleillé, frais — mais dans mon âme il y avait comme une inquiétude.

Valentin Lebedev
Union soviétique

Виталик ласкается, целует меня, – чувствует, милый мальчик, что отец улетает надолго.

Перед уходом из дома мы сели за стол на кухне и по традиции поставили хлеб, соль и воду.

Когда отъезжали от дома, я посмотрел на балкон и увидел, что мама вытирает слезы. Я помахал ей рукой, но она меня не видела.

Утро прекрасное. Ясное небо, солнце, свежесть. Только на душе как-то неспокойно.

Валентин Лебедев
СССР

1 Coucher de Soleil et ombre sur l'Afrique

Мы шли по плоской, как стол, казахской степи. Впереди, на фоне удивительно четкого горизонта, серебряной стрелой вонзается в небс стоящая на старте ракета. Она дышит, и клубы белого пара обтекают ее стройное тело, укрытое подвенечным платьем инея. Она ждет нас, а мы идем к ней. Дублеры все время рядом. Шутят, но в глазах видна грусть. Готовились к полету, но на работу в космос уходят одни, а другие остаются. Им снова ждать своего часа.

Александр Волков
СССР

Nous foulions la steppe kazakhe, lisse comme le dessus d'une table. Face à nous, se détachant sur l'arrière-plan d'un horizon incroyablement pur, la fusée se dressait sur son aire, le nez pointé vers le ciel, comme une flèche d'argent. Elle était belle à couper le souffle et un nuage de vapeur blanche s'échappait de sa svelte silhouette comme couverte d'une jupe de givre nuptial. Elle languissait de nous et nous allions vers elle. Nos suppléants étaient à nos côtés à chaque instant. Ils plaisantaient, mais on voyait la tristesse dans leurs yeux. Ils étaient prêts pour leur mission, mais quelques-uns seulement travailleraient dans l'espace. Les autres resteraient en arrière. Ils devaient encore attendre leur tour.

Alexander Volkov
Union soviétique

Question : La nuit qui a précédé votre départ, vous avez dormi ?
Réponse : Oui, j'ai dormi !
Question : Réellement, et sans somnifère ?
Réponse : Sans somnifère, oui, mais j'ai passé une nuit terrible !

Dimitri Prunariu
Roumanie

I: Ai dormit în noaptea dinaintea zborului?
R: Da, am dormit.
I: Adevărat, fără să iei somnifere?
R: Fără somnifere, dar am avut o noapte îngrozitoare.

Dimitri Prunariu
România

2 Des cosmonautes sur le cosmodrome de Baïkonour

As we drove out, there was plenty of time to reflect on your life: Did you have your life in order; where are you going today or where are you hoping to go today? By this time it was light: The sun was up and I could see that it was going to be a beautiful morning, no clouds that might interfere with our launch; I could imagine that the birds were singing on the outside, but on the inside it was so quiet. We weren't talking, we looked at each other a little bit and smiled, that smug look: we knew where we were going. We were quiet because there were so many thoughts racing through our minds. When we got out to the pad, we got out of the van and walked over to the elevator. We walked slower that morning as I recall; we were looking around a lot; we didn't want to miss anything, because for all we knew it might be our last time to see things on Earth. What caught our attention was the spacecraft, the rocket, the *Saturn 5*, with our little space module perched way on top, a beautiful sight, just gleaming white in that early morning light. We viewed it in a little more personal terms, and we just wondered, you know, will it work? Will it really take us to the moon and bring us back?

James Irwin
USA

Tout en roulant, on a eu tout le temps de penser à notre vie : « Est-ce que tu laisses tout bien en ordre ? Où est-ce que tu vas aujourd'hui ? Oui, où est-ce que tu as l'intention d'aller ? » Pendant ce temps, il avait fait jour. Le Soleil s'était levé et je voyais bien que cela allait être une matinée superbe. Aucun nuage ne viendrait gêner le lancement. Je pouvais même imaginer les oiseaux qui chantaient dehors, mais à l'intérieur il faisait tellement calme. Nous ne disions mot, nous nous regardions à la dérobée et nous souriions avec une sorte de coquetterie : nous savions où nous allions. Nous étions calmes à cause de toutes ces pensées qui se bousculaient dans nos esprits. Quand on est arrivés sur la piste, on est sortis du minibus et on s'est dirigés vers l'ascenseur. Ce matin-là, je m'en souviens, nous marchions plus lentement. Nous regardions autour de nous. On ne voulait rien manquer, parce qu'on savait tous que c'était peut-être la dernière fois qu'on voyait quelque chose sur terre. C'est surtout le vaisseau spatial, la fusée, cette *Saturn 5*, avec notre petit module spatial perché là tout en haut, qui retenait notre attention : une vue merveilleuse, tout cet éblouissement de blanc dans cette lumière matinale. Evidemment, on observait ce spectacle d'une manière un peu plus personnelle et on se demandait : « Eh bien, est-ce que cela va marcher ? Est-ce que cela va vraiment nous conduire jusqu'à la Lune et puis nous ramener ? »

James Irwin
Etats-Unis

Then they closed the hatch; it went clang like a dungeon door.

James Irwin
USA

Alors ils ont fermé l'écoutille, et cela a fait *blang* comme la porte d'un donjon qui se referme.

James Irwin
Etats-Unis

They started to put the hatch on. This is the moment when things begin to come home to you. Up to this point people are reaching into the capsule and working all around you and there's no real feeling of being on your own. Suddenly, as people begin to pat you on the shoulder, wink at you, shake your hand and wave good-bye, it changes.

John Glenn, Jr.
USA

Ils ont commencé à verrouiller l'écoutille. C'est à ce moment que les choses vous reviennent à l'esprit. Jusque-là, il y avait eu des gens qui pénétraient dans la capsule et qui s'activaient autour de nous et on ne pouvait pas vraiment avoir l'impression d'être seuls. Et puis ils ont commencé à nous frapper sur l'épaule, à nous lancer des clins d'œil, à nous serrer la main et à nous faire de grands signes d'adieu — et alors tout a vraiment changé.

John Glenn Jr
Etats-Unis

3 *Soyouz T-13* sur son aire de lancement

The *Atlas* is an eerie thing to sit on top of when the gantry is gone. I could hear the sound of pipes whining below me as the liquid oxygen flowed into the tanks and a vibrant hissing noise as they were supercooled by the *Lox*. The *Atlas* is so tall and limber that it sways slightly in heavy gusts of wind, and in fact, I could set the whole structure to rocking a bit by moving back and forth in the couch. I could look at the whole sky now with its fast-growing patches of blue. Through a mirror mounted near the window I could see the blockhouse and across the Cape. Through the periscope I looked east at the Atlantic along the track I would follow.

John Glenn, Jr.
USA

La fusée *Atlas*, c'est vraiment un engin effrayant sur lequel s'asseoir une fois que le portique a été retiré. J'entendais le gémissement des tuyères sous mes pieds pendant que l'oxygène liquide s'écoulait dans les réservoirs et un sifflement vibrant se fit entendre pendant le refroidissement. L'*Atlas* est tellement volumineuse et tellement flexible à la fois qu'elle vacille toujours lorsqu'il y a de forts coups de vent. En fait, je pouvais mettre toute la structure en branle rien qu'en me faisant rouler sur ma couchette. Je voyais maintenant le ciel dans son entier, avec ses lambeaux de ciel bleu qui ne faisaient que croître. Grâce à un miroir fixé près du hublot, je pouvais voir le blockhaus et même par-delà Cap Canaveral. Je jetai un regard dans le périscope vers l'Est, vers l'Atlantique, vers la route que j'allais emprunter.

John Glenn Jr
Etats-Unis

I heard the word ignition and I sensed, felt, and heard all the tremendous power that was being released underneath that rocket beginning to lift me off the Earth. It was a moment of just supreme elation, complete release of tensions. There were tears coming down my face that morning.

James Irwin
USA

J'ai entendu qu'on disait « Feu » et j'ai ressenti, entendu, éprouvé toute l'énorme puissance qui était libérée sous la fusée qui m'arrachait à la Terre. Ce fut un instant de pure exaltation, un complet relâchement de toutes les tensions. Et ce matin-là, des larmes me sont montées aux yeux.

James Irwin
Etats-Unis

C'est comme si je quittais la planète
pour toujours et qu'aucune force au
monde ne puisse me ramener sur
Terre.

Valery Ryoumine
Union soviétique

Мне стало казаться, что я покинул
планету навсегда. И что нет силы,
которая может вернуть меня обратно.

Валерий Рюмин
СССР

4 La navette *Atlantis* s'élève

5 Des nuages légers sur l'Afrique australe

Моторын хуй нь мултарчихаад ракет минь бас л харанхуйд нисч байв. Анхамдаа од харагдаж байснаа, нэг зурвас хех ягаам огторгуйн туяа харагдаад, хелог онгоцны дотор мар туслаа.

Жугдэрдэмидийн Гуррагча
Монгол

Dès que vous êtes parvenu en altitude, que votre engin entame sa plongée et accélère vers son objectif, alors vous commencez à apercevoir l'horizon. À une certaine altitude — je ne sais pas exactement laquelle, disons quelque part entre 80 et 90 000 pieds — on voit le ciel devenir plus sombre que quand on regarde dehors, et l'horizon commence à se préciser. Ce n'est plus l'horizon terrestre, mais l'horizon de l'atmosphère, évidemment.

Ken Mattingly
Etats-Unis

La fusée s'est enfoncée dans l'obscurité au moment où elle s'est séparée de son couvercle protecteur. D'abord, on a vu des étoiles, et puis le Soleil s'est infiltré dans l'appareil, avec les rayons de l'aurore cosmique framboise.

Zhugderdemidiyn Gurragcha
Mongolie

As soon as you get to an altitude and the vehicle starts to pitch over and accelerate downrange, then you start to be able to see the horizon. Once you get to some altitude – and I don't know what the number is – I would guess somewhere around 80 to 90,000 feet – you start to see that the sky is turning darker than we see it when we look outside, and the horizon begins to have a much sharper definition. It's not an Earth horizon but an atmosphere horizon, too.

Ken Mattingly
USA

6 Aurore sur le Pacifique

When the engine shut down, I unbuckled myself from my seat and I was floating. I knew we were in orbit. We had to do an orbital-maneuvering-system (OMS) burn to get into a higher orbit. But before we even did the burn I floated upstairs – from middeck, below the flight deck – to look over the guys' shoulders. I looked out the window and couldn't believe it. The sun was streaming in, and you could look right down at the Atlantic Ocean. I looked at the three of them doing the countdown for the OMS burn and I thought, How in the world can you do that? Look outside!

Joseph Allen
USA

Quand le moteur s'est tu, je me suis détaché de mon siège et j'ai commencé à flotter. Je savais que nous étions en orbite. Nous allions devoir utiliser un système de manœuvre orbitale pour atteindre une orbite plus élevée mais, avant même de l'avoir mis en action, je me mis à flotter — depuis le pont intermédiaire, sous le pont de vol — par-dessus l'épaule de mes compagnons. J'ai regardé par la fenêtre et n'ai pu en croire mes yeux. Le Soleil ruisselait et le regard plongeait dans l'Océan Atlantique. Je les ai regardés tous les trois en train d'effectuer le compte à rebours du système de manœuvre orbitale et j'ai pensé : « Mais comment peux-tu faire cela ? Regarde plutôt dehors ! »

Joseph Allen
Etats-Unis

7 Le canal de Mozambique et Madagascar

8 Le volcan Aniakchak dans les Aléoutiennes

9 Le volcan Klioutchevskaïa en Sibérie

Suddenly I saw a meteor go by underneath me. A moment later I found myself thinking, That can't be a meteor. Meteors burn up in the atmosphere above us; this was below us. Then, of course, the realization hit me.

Jeffrey Hoffman
USA

J'ai soudain vu un météore passer en dessous de moi. Un instant plus tard, je me suis surpris à penser : « Mais cela ne peut pas être un météore. Les météores se consument dans l'atmosphère au-dessus de nous. Celui-ci est passé en dessous. » Et alors, tout d'un coup, j'ai compris.

Jeffrey Hoffman
Etats-Unis

10 La tempête tropicale *Xina* au-dessus du Pacifique

11 Le typhon *Odessa* près de Hawaii

Nieważkość pojawiła się nagle. Wzniosłem się jakgdybym był wewnątrz bańki mydlanej. Jak niemowle w łonie matki, w moim statku przestrzennym jestem ciągle dzieckiem Matki Ziemi.

Mirosław Hermaszewski
Polska

L'apesanteur, elle survient brusquement. Je planais comme si j'avais été à l'intérieur d'une bulle de savon. Pareil à un enfant dans le sein de mon vaisseau spatial, j'étais pourtant toujours le rejeton de ma Mère la Terre.

Miroslav Hermaszewski
Pologne

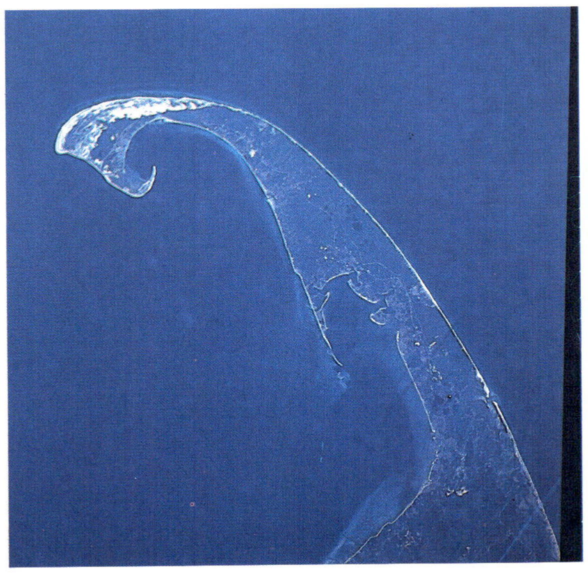

12 Cape Cod au Massachusetts

I used to have dreams when I was a kid that I'd go running down the street and jump up in the air and go flying and just fly through the air all by myself. That's what weightlessness is like.

Robert Gibson
USA

Quand j'étais enfant, je faisais souvent ce rêve : je descendais une rue en courant, je sautais en l'air, je me mettais à voler et je continuais à voler dans le ciel par moi-même. C'est à cela que cela ressemble, l'apesanteur.

Robert Gibson
Etats-Unis

Nous sommes en orbite et nous flottons dans notre gondole spatiale à observer les océans et les îles, et les vertes collines des continents défilent à 9 km à la seconde. Nous nous mouvons silencieusement et sans effort le long du sol. Je veux dire « au-dessus du sol » en écrivant cela, mais rappelez-vous que, dans l'espace, les sens du haut et du bas disparaissent complètement et que ma description doit tenir compte de ce fait. De plus, la vitesse à vous couper le souffle du vaisseau contraste bizarrement et de façon troublante avec l'impression que l'on a de flotter sans arrêt dans la cabine. Vous n'êtes pas assis devant la fenêtre à regarder passer le décor. Vous flottez plutôt, et c'est votre regard qui se porte sur la scène; il ne descend pas sur elle. Est-ce que vous dépassez continents et océans ou est-ce que vous planez et les voyez se déplacer en dessous de vous ?

Joseph Allen
Etats-Unis

13 La navette *Challenger*

We orbit and float in our space gondola and watch the oceans and islands and green hills of the continents pass by at five miles per second. We move silently and effortlessly past the ground. I want to say "over the ground" as I write this, but remember that in space your sense of up or down is completely gone and my description must reflect this fact. In addition, the breathtaking speed of the ship is in odd and confusing contrast to the feel of perpetually floating within the spaceship. You do not sit before the window to view the passing scene, but rather you float there and look out on the scene, certainly not down upon it. Are you speeding past oceans and continents, or are you just hovering and watching them move beside you?

Joseph Allen
USA

Испытываешь странное, будто во сне, чувство полного физического раскрепощения: раскинул руки, ноги – и паришь. Однако надо быстро научиться избегать твердых предметов, стенок корабля. Помнишь долго после исчезновения синяка, что твоя масса всегда останется при тебе, даже в другой Галактике.

Валерий Кубасов
СССР

14 Chaînes côtières du Canada et de l'Alaska

Comme dans un rêve, vous éprouvez une étrange sensation de liberté : vous êtes soudain capable d'étendre vos jambes et vos bras comme si vous nagiez dans les nuages. Vous apprenez vite à éviter les objets solides, ne seraient-ce que les parois de votre station. Et en frottant vos contusions, il vous revient à l'esprit que vous restez toujours solidaire de votre propre masse… même dans une autre galaxie.

Valery Koubazov
Union soviétique

В космосе все иначе. Спишь на потолке, а за считанные минуты пересекаешь целые континенты. Нажимаешь на ключ, чтобы отвернуть гайку, а сам вращаешься.

Анатолий Березовой
СССР

Dans l'espace, tout est vraiment différent. Vous couchez au plafond et vous dépassez des continents entiers en quelques instants. Vous donnez un mouvement de clé pour dégager un écrou et vous vous retrouvez vous-même en train de pivoter.

Anatoli Berezovoy
Union soviétique

15 Les îles Bahamas

The white, twisted clouds and the endless shades of blue in the ocean make the hum of the spacecraft systems, the radio chatter, even your own breathing disappear. There is no wind or cold or smell to tell you that you are connected to Earth. You have an almost dispassionate platform – remote, Olympian – and yet so moving that you can hardly believe how emotionally attached you are to those rough patterns shifting steadily below.

Thomas Stafford
USA

Les nuages blancs et enlacés et les infinies variétés de bleu des océans font disparaître le ronflement des appareils du vaisseau, le bruissement de la radio et même votre propre respiration. Aucun vent, aucune fraîcheur, aucune odeur ne viennent vous dire que vous êtes en contact avec la Terre. Vous vous trouvez sur une plate-forme de sérénité olympienne, commandée à distance, et pourtant vous vous déplacez. Et vous ne parvenez plus à croire combien vous étiez attaché à cette matière agitée en dessous de vous.

Thomas Stafford
Etats-Unis

17 Les Bahamas

My first view – a panorama of brilliant deep blue ocean, shot with shades of green and gray and white – was of atolls and clouds. Close to the window I could see that this Pacific scene in motion was rimmed by the great curved limb of the Earth. It had a thin halo of blue held close, and beyond, black space. I held my breath, but something was missing – I felt strangely unfulfilled. Here was a tremendous visual spectacle, but viewed in silence. There was no grand musical accompaniment; no triumphant, inspired sonata or symphony. Each one of us must write the music of this sphere for ourselves.

Charles Walker
USA

Les premières choses que j'aie vues — un panorama d'océan bleu foncé, brillant, strié de verts, de gris et de blancs — c'étaient des atolls et des nuages. Près du hublot, je voyais que le décor du Pacifique en mouvement était bordé par le grand croissant courbe de la Terre. Il y avait un étroit halo bleu tout contre et, au-delà, l'espace sombre. Je retins mon souffle, mais il manquait bien quelque chose — je me sentais étrangement inassouvi. J'avais là sous les yeux un étonnant spectacle visuel, mais j'y assistais dans le silence. Il n'y avait pas de grandiose accompagnement musical, pas de sonate triomphale, inspirée, pas de symphonie. Chacun de nous avait à écrire sa propre musique pour cette sphère.

Charles Walker
Etats-Unis

18 Laguna Verde dans les Andes

Il y a dans l'espace une clarté, une brillance qu'on ne trouve pas sur Terre, même par un beau jour d'été sans nuages dans les Rocheuses, et nulle part on ne peut saisir si pleinement la majesté de notre Terre et être autant impressionné à la pensée que ce n'est qu'une parmi des innombrables milliers de planètes.

Gus Grissom
Etats-Unis

There is a clarity, a brilliance to space that simply doesn't exist on Earth, even on a cloudless summer's day in the Rockies, and nowhere else can you realize so fully the majesty of our Earth and be so awed at the thought that it's only one of untold thousands of planets.

Gus Grissom
USA

19 Le lac Pukaki en Nouvelle-Zélande

20 La baie de San Francisco en Californie

Je regardais au-dehors la noirceur de l'espace, semée splendidement d'un univers de lumières. Je vis sa majesté, mais nulle bienveillance. C'est en dessous qu'il y avait une planète accueillante. Là-dessous, enclos dans la fine et mouvante coque de sa biosphère, si étonnamment fragile, il y a tout ce qui est cher à nos cœurs, tout le drame, toute la comédie humaine. C'est là qu'est la vie, là que sont toutes les bonnes choses de la vie.

Loren Acton
Etats-Unis

Looking outward to the blackness of space, sprinkled with the glory of a universe of lights, I saw majesty – but no welcome. Below was a welcoming planet. There, contained in the thin, moving, incredibly fragile shell of the biosphere is everything that is dear to you, all the human drama and comedy. That's where life is; that's where all the good stuff is.

Loren Acton
USA

21 Le désert en Algérie

Trois pas dans l'espace

The space suit always reminded me of the activity that a four-year-old youngster is put through when his mother or father dresses him in a very heavy snowsuit. Your mother doesn't bundle you up but your shipmates do. They put you in the space suit, oftentimes with a pat on the head and a butter cookie for good luck. Then they put the helmet on the top, snap it into place, and from that moment on you float in the suit. You don't stand on the boots. From time to time your toes will touch the boots, but your head will bob up against the helmet. You are floating in this cocoon, and you float out through the hatch. Using the controls, you can maneuver yourself away from the mother ship. You are orbiting the Earth as surely as the Moon orbits the Earth, and you are yourself a satellite.

Joseph Allen
USA

La combinaison spatiale me rappelle toujours l'empressement dans lequel se trouve plongé un jeune enfant de quatre ans quand son père et sa mère l'habillent d'un lourd costume d'hiver. Votre mère ne vous empaquette pas, mais vos camarades oui. Il vous introduisent dans la combinaison avec une petite tape sur la tête et un petit biscuit pour vous souhaiter bonne chance. Ensuite, ils vous glissent le casque par le haut, le font claquer en place, et dès lors vous vous mettez à flotter dans votre costume. Vous ne tenez pas dans les chaussons, mais votre tête vient frapper contre le casque. Vous flottez dans votre cocon et vous flottez aussi en passant la trappe. Grâce aux commandes, vous vous extirpez du vaisseau-mère. Vous êtes en orbite autour de la Terre, comme la Lune est en orbite autour de la Terre, et vous êtes devenu vous-même un satellite.

Joseph Allen
Etats-Unis

22 Les premiers pas en liberté dans l'espace

Люк медленно открывался. Мы стояли с Евгением, прижавшись друг к другу, чтобы не мешать движению крышки. В расширяющуюся щель врывались солнечные лучи, которые воспламеняли на противоположной стенке отсека ослепительно яркий зайчик. Мы смотрели в сторону Земли. На темном фоне космоса она казалась далекой и безжизненной.

Алексей Елисеев
СССР

L'écoutille s'ouvrit lentement. Yevgueni et moi nous tenions côte à côte, de façon à ne pas gêner le déplacement du couvercle. Le Soleil fit irruption dans l'ouverture qui s'agrandissait et jeta des flammes contre le mur opposé du compartiment dans un jaillissement aveuglant. Nous regardâmes en direction de la Terre. Contre le noir arrière-plan de l'espace, elle paraissait lointaine et comme sans vie.

Alexei Elisseïev
Union soviétique

Я отправлялся в неизвестность, и ни один человек на земле не мог сказать мне, с чем мне предстоит встретиться там. Нет учебников. Это делается впервые. Но я твердо знал, что это нужно сделать. Ясно, что я должен быть очень осторожным.

– Спокойно, спокойно, – говорил я себе – не торопись.

Алексей Леонов
СССР

Je m'avançais vers l'inconnu et personne au monde ne pouvait me dire ce que j'allais y rencontrer. Je n'avais pas de mode d'emploi. C'était la première fois. Mais je savais que cela devait être fait. Evidemment, je devais bien faire attention. « Vas-y doucement », je me suis dit, « vas-y calmement. Ne fais pas de mouvement brusque ! »

Alexei Leonov
Union soviétique

24 Un astronaute utilise son équipement de manœuvre individuel

Не торопясь, я вылез из люка, слегка оттолкнулся от него и начал все больше и больше удалятся от космического корабля. В результате этого, наш космический дом начал медленно поворачиваться на моих глазах.

Алексей Леонов
СССР

Je grimpai hors de l'écoutille sans me presser et m'en extirpai délicatement. Je m'éloignai peu à peu du vaisseau. Ce léger effort le fit pivoter lentement devant mes yeux.

Alexei Leonov
Union soviétique

Что больше всего поразило меня там, это – тишина. Немыслимая тишина, какой никогда не бывает на Земле, такая глубокая и полная, что начинаешь слышать собственное тело: как борется сердце, пульсируют сосуды, кажется, даже слышен шороха двигающих мускулов. А в небе звезд было больше, чем я мог представить себе. Абсолютно черное небо слегка подсвечивалось солнечным сиянием...

...Земля была такая маленькая, голубая и трогательно одинокая – наш дом, который нужно свято беречь... Она была идеально круглой. Я думаю, что я не понимал по-настоящему слова «круглый» до тех пор, пока не увидел Землю из космоса.

Алексей Леонов
СССР

C'est surtout le silence qui me frappa le plus. C'était un silence impressionnant, comme je n'en ai jamais rencontré sur la Terre, si lourd et si profond que je commençai à entendre le bruit de mon propre corps : mon cœur cognait, mes veines battaient, je croyais même entendre le frémissement de mes muscles glissant l'un contre l'autre. Il y avait plus d'étoiles dans le ciel que je ne m'y étais attendu. Le ciel était d'un noir profond, mais en même temps il brillait de la lueur du Soleil... La Terre paraissait petite, bleue, claire, si attendrissante, si esseulée. C'était notre demeure, et il fallait la défendre comme une sainte relique. Elle était absolument ronde. Je crois que je n'ai jamais su ce que le mot « rond » signifiait avant d'avoir vu la Terre depuis l'espace.

Alexei Leonov
Union soviétique

Ослепительно яркий свет в космосе оказался для меня неожиданным. Алексей Леонов говорил мне, что солнце в космосе светит очень ярко, но когда я вышел в открытый космос и посмотрел на наш космический корабль, я забыл, что смотрю через светопоглощающие очки. Так ослепительно сиял в лучах солнца наш корабль. Когда я сдвинул защитные очки (вообще говоря, это не допускалось, но соблазн был слишком велик), солнце было справа от меня и светило так ярко, что в ту сторону было невозможно смотреть.

Евгений Хрунов
СССР

La prodigieuse brillance de l'espace fut pour moi une surprise. Alexei Leonov m'avait bien dit que le Soleil était éblouissant là-haut, mais quand je me retrouvai flottant là et que je regardai vers notre vaisseau, je fus si frappé que j'en oubliai que je regardais à travers un filtre épais. Quand j'eus écarté le filtre (ce qui à strictement parler était interdit, mais la tentation était trop forte), le Soleil brilla si fort sur ma droite qu'il me fut impossible de continuer à regarder dans cette direction.

Yevgueni Khrounov
Union soviétique

25 Astronaute en action dans l'espace

Я втиснулся обратно в переходный отсек. Юра Романенко все это время страховал меня изнутри: держал за ноги, чтобы я не улетел в космос. И тут он говорит: «Что ж я так и просидел в отсеке, увидел Землю и звезды только через стекло? Как они там выглядят.» Я посторонился, пропустил его к выходному люку. Он тут же рванулся мимо эдакой торпедой. Уже наружу выходит, как вдруг смотрю – вслед за ним плывет, извиваясь змейкой, страховочный фал, ни к чему не пристегнутый. Я успел фал подхватить и спрашиваю: «Ты куда лететь-то собрался?»

Георгий Гречко
СССР

26 La première femme dans l'espace

Je me faufilai à nouveau dans le module intermédiaire. Youri Romanenko avait, pendant tout ce temps, assuré ma protection en me retenant par les jambes pour éviter que je ne parte dériver dans l'espace. Il me dit alors : « Comment se fait-il que je reste ici à regarder la Terre et les étoiles à travers une vitre ? Laisse-moi voir à quoi elles ressemblent de là dehors ! » Je me glissai de côté et le laissai passer jusqu'au sas de sortie. Il se propulsa comme une torpille pour me contourner. Il était déjà dehors lorsque je m'aperçus soudain que son filin de sécurité frétillait comme un serpent derrière lui et qu'il n'était fixé à rien. Je m'en saisis et l'interrogeai : « Où est-ce que tu crois que tu vas t'envoler comme cela ? »

Georgi Gretchko
Union soviétique

Literally out in space on *Gemini 9*, walking twice around the world, there was a point when I stopped and I looked down at the world and I looked around me and I realized that I was really out in the pure vacuum of space – really there, right that very instant.

Eugene Cernan
USA

J'étais vraiment dans l'espace, sur *Gemini 9*, et j'avais fait deux fois le tour du monde. Vint le moment où je m'arrêtai, où je regardai vers le monde, puis autour de moi, et je me rendis compte que je me trouvais vraiment dans le pur vide de l'espace — justement là et juste à ce moment précis.

Eugene Cernan
Etats-Unis

В 6 ч. 20 мин. мы вошли в тень. Люк на станции блестел как открытая дверь деревенского дома.

Валентин Лебедев
СССР

A 6 h 20, nous avons pénétré dans la région obscure. Le panneau de sortie de la station brillait comme une porte ouverte dans une maison à la campagne.

Valentin Lebedev
Union soviétique

I had given up trying to use a small flashlight to continue our work in the dark. I raised the visor on my helmet cover and looked out to try to identify constellations. As I looked out into space, I was overwhelmed by the darkness. I felt the flesh crawl on my back and the hair rise on my neck. I was reminded of a passage in the Bible that speaks of the "horror of great darkness." Ed and I pondered the view in silence for a few moments, and then we both made comments totally inadequate to describe the profound effect the scene had made on both of us. "Boy! That's what I call dark."

William Pogue
USA

J'avais abandonné l'idée de me servir d'une petite lampe de poche pour poursuivre notre travail dans le noir. Je soulevai la visière de mon casque et levai les yeux afin d'identifier les constellations. L'obscurité me submergea alors que je regardais vers l'espace. Je sentis ma peau frémir dans mon dos et mes cheveux se hérissèrent dans ma nuque. Un passage de la Bible me revint à l'esprit, qui parle de « l'horreur de la profonde obscurité ». Ed et moi méditâmes quelques instants en silence sur ce spectacle, et nous proférâmes ensuite quelques commentaires parfaitement inadéquats pour tenter de décrire le profond effet qu'avait provoqué sur nous cette scène. « Eh bien, mon vieux, ça c'est ce qu'on appelle « faire noir » !

William Pogue
Etats-Unis

Elle avait une texture. Je sentis que je n'avais qu'à tendre la main et à la toucher. Cette obscurité était si profonde, si intense.

Charles Duke Jr
Etats-Unis

It was a texture. I felt like I could reach out and touch it. It was so intense. The blackness was so intense.

Charles Duke, Jr.
USA

Второй выход в космос не был таким напряженным; можно было рассматривать Землю, особенно когда мы находились в тени и у нас не было дел.

Мы глядели на звезды, видели, как восходит и заходит Луна, как проплывают под нами на Земле континенты. Похоже было на то, как если бы мы лежали где-нибудь на пляже или лужайке и наблюдали за проплывающими в небе облаками.

Владимир Ляхов
СССР

La deuxième sortie ne fut pas aussi contraignante et nous eûmes le temps de jeter un coup d'œil à la Terre chaque fois que nous n'avions rien d'urgent à faire. Nous contemplions les étoiles, la Lune qui se levait et qui se couchait et les continents qui flottaient en dessous de nous. L'expérience était un peu comparable au fait d'être étendu sur une plage, ou dans l'herbe, et de regarder depuis la Terre les nuages qui défilent dans le ciel.

Vladimir Lyakhov
Union soviétique

Мы вошли в тень. Сеанс связи с Москвой закончился. Под нами проплыла Япония, и я отчетливо мог видеть световые пятнышки ее городов. Оставив позади Японию, мы окунулись в черную пустоту Тихого океана. Луны нет. Звезды, яркие и далекие. Я продолжал висеть на поручне, как на подножке трамвая... Очень медленно, невыносимо медленно тянулось полчаса, над Землей начал заниматься рассвет. Сначала на горизонте появилась тонкая зеленовато-голубая полоска, затем через несколько минут она превратилась в сияющий всеми цветами радуги ореол, и, наконец, из него вырвался золотой солнечный диск. Ты с ума сошел, – говорил я себе, – висишь от корабля в космосе и готовишься восхититься рассветом.

Валерий Рюмин
СССР

Nous entrâmes dans l'ombre. Toute liaison avec Moscou était rompue. Le Japon flottait au-dessous de nous et j'y distinguai clairement des villes qui resplendissaient de lumière. Nous laissâmes le Japon derrière nous pour la sombre vacuité de l'Océan Pacifique. La Lune faisait défaut, mais les étoiles étaient là, brillantes et lointaines. Je saisis la main-courante, comme un homme qui s'accroche dans un tramway. Lente, poignante, une demi-heure s'écoula et l'aurore vint sur la Terre. Ce fut d'abord une fine ligne vert-bleu au loin, à l'horizon, qui se changea en quelques minutes en un arc-en-ciel qui embrasa la Terre pour exploser enfin en un Soleil d'or. Tu perds l'esprit, me dis-je. Tu te cramponnes à ce navire dans l'espace, tu te cramponnes à ta vie, et tu es là à admirer un lever de Soleil.

Valery Ryoumine
Union soviétique

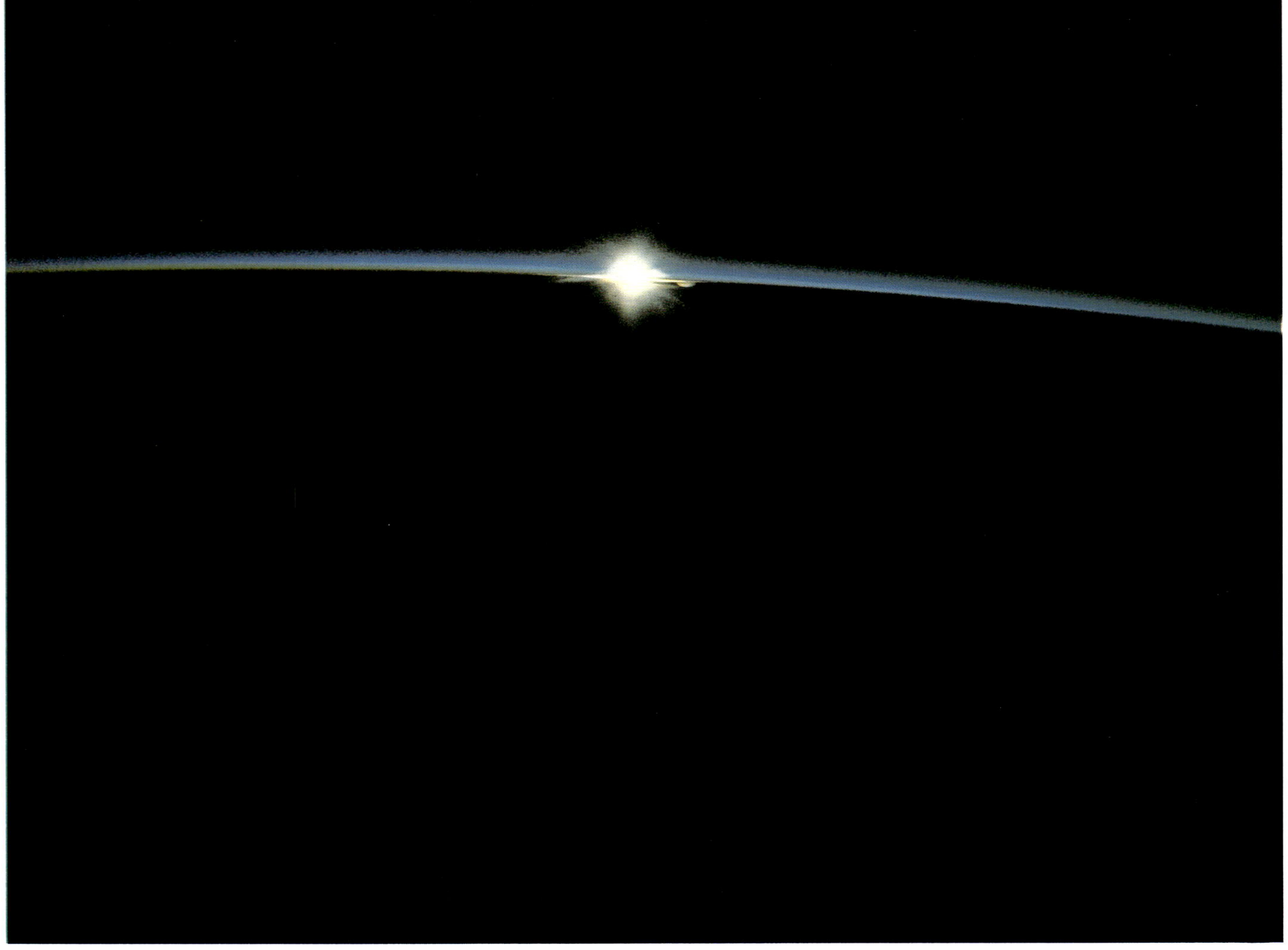

28 Le Soleil se lève pour une station spatiale soviétique

The sun truly "comes up like thunder," and it sets just as fast. Each sunrise and sunset lasts only a few seconds. But in that time you see at least eight different bands of color come and go, from a brilliant red to the brightest and deepest blue. And you see sixteen sunrises and sixteen sunsets every day you're in space. No sunrise or sunset is ever the same.

Joseph Allen
USA

En vérité, le Soleil arrive vraiment comme le tonnerre, et il s'évanouit tout aussi rapidement. Chaque lever et chaque coucher de Soleil ne durent que quelques secondes. Et pendant ce temps on voit au moins huit bandes de couleur différentes apparaître et disparaître, du rouge le plus éclatant au bleu le plus intense. Chaque jour que l'on passe dans l'espace, on assiste à seize levers et seize couchers de Soleil. Et aucun n'est jamais le même.

Joseph Allen
Etats-Unis

Видно, как из-за горизонта сначала появляются лучи света странных и контрастных оттенков. Затем окрашиваются и облака. Они становятся розовыми, а их верхушки, тоже розовые, начинают напоминать каких-то волшебных коней.

Александр Волков
СССР

D'abord on voit, sous l'horizon, apparaître des rayons de lumière peints d'un nombre incalculable de nuances contrastées. Ensuite, les nuages commencent à montrer leurs couleurs. Ils rosissent et leurs crêtes se mettent à ressembler à des chevaux de contes de fées, roses eux aussi.

Alexander Volkov
Union soviétique

29 Un coucher de Soleil « allumé » par l'atmosphère terrestre

Прекрасны минуты вечерних сумерек. Корпус станции залит золотым солнечным светом. Еще видно освещенную часть Земли с розовыми облаками и вечернюю дымку над ее поверхностью, а наш космический дом уже скатывается в черную бездну.

Владимир Васютин
СССР

Les instants du crépuscule sont fabuleux. La carène de la station spatiale est éclaboussée par les rayons dorés du Soleil. La Terre, côté jour, avec ses nuages roses et les brumes matinales à sa surface, est toujours visible, tandis que notre vaisseau vogue déjà dans la noirceur de la nuit.

Vladimir Vazioutine
Union soviétique

30 Le Soleil se couche sur l'Indochine

I somehow pictured always knowing where the Earth would be, even in darkness. Either there were going to be lights I could see on the ground, or there would be light leaking over the horizon from a soon-to-be-rising sun. Instead, I found the blackest black I ever saw.

The way you find the Earth in the dark is to track the stars until the stars stop. When the stars stop, that's the Earth blocking their light.

Joseph Allen
USA

Je crois que je m'étais imaginé que je saurais toujours où la Terre se trouverait, même dans le noir. Il y aurait eu soit des lumières visibles au sol, soit la lueur du Soleil sur le point de se lever filtrant de l'horizon. Au lieu de cela, je trouvai le noir le plus noir que j'aie jamais vu.

Le meilleur moyen de retrouver la Terre dans le noir, c'est de suivre la piste des étoiles jusqu'à ce que les étoiles disparaissent. Quand elles ont disparu, c'est que la Terre a intercepté leur lumière.

Joseph Allen
Etats-Unis

Я вздрогнул, когда вместо привычного звездного неба в иллюминаторе на ночном горизонте планеты увидел багровое пламя. Огромные столбы света рвались в поднебесье, таяли в нем, переливали всё всеми цветами радуги. Область красного свечения плавно переходила в черный цвет космоса. Интенсивные и динамичные изменения цвета и формы столбов и гирлянд напоминало цветомузыку. Наконец, мы отчетливо увидели, что входим прямо в полярное сияние.

Александр Иванченков
СССР

Lorsque, à travers le hublot, je vis une flamme écarlate en lieu et place de l'habituel ciel étoilé du côté nuit de la planète, je tressaillis d'effroi. Des colonnes de lumière se dressaient dans le ciel, s'y mêlaient et s'y répandaient dans toutes les couleurs de l'arc-en-ciel. Le noir du cosmos vit émerger une zone aux lueurs rouges. Les changements de couleurs et de formes — violents et mouvementés — des colonnes et des couronnes faisaient penser à une musique visuelle. Alors, nous vîmes que nous pénétrions tout droit dans une aurore boréale.

Alexander Ivanchenkov
Union soviétique

31 Aurore australe vue de l'espace

Na tmavém pozadí Země se rozžíhaly doutnavky meteoritů, občas se skoro strašidelně zablýsklo. Oddávám se čarovné síle světelných efektů a cítím se jako malý chlapec, který s pootevřenými ústy obdivuje slavnostní ohňostroj. Zničehonic se přede mnou objevuje něco kouzelného. Od Země, téměř k naší stanici (orbitální) se rozlévá nazelenalá záře, připomínající ohromné, fosforeskující píšťaly varhan, jejichž konce přechází do sytě karmínové barvy. Záře se prolíná trhanci jakoby válicí se páry.

Můžeš si gratulovat, Vladimíre – říkám si pro sebe. Měl si štěstí pokochat se nádherou polární záře.

Vladimír Remek
ČSSR

Comme des lucioles, des météorites flambaient dans le ciel sombre. Parfois, la lumière se faisait d'un effrayant éclat. Bouche bée, comme un enfant, je contemplais ce feu d'artifice et soudain, devant mes yeux, se produisit un phénomène magique. Un rayonnement verdâtre se répandit depuis la Terre jusqu'à notre station, un rayonnement qui faisait penser à d'immenses tuyaux d'orgue phosphorescents dont les extrémités éclataient de lueurs écarlates et se voyaient chevauchées de vertes vagues tourbillonnantes. Tu peux te flatter, Vladimir, me dis-je, d'avoir pu assister à une aurore boréale.

Vladimir Remek
Tchécoslovaquie

La pleine Lune se lève aussi rapidement que le fait le Soleil. Lorsqu'elle parvient au-dessus de l'horizon, elle apparaît écrasée, comme lorsqu'on la voit se lever depuis la Terre. En fait, cela se produit si vite qu'on dirait une bulle d'air qui s'élève dans de l'eau. Dès qu'elle est plus haute au-dessus de l'horizon, elle semble éclater et, de ballon écrasé qu'elle était, elle se transforme en un cercle parfait.

William Pogue
Etats-Unis

The full moon's rise is rapid, like a sunrise. As it comes above the horizon, it appears flattened and similar to moonrise seen from Earth. However, the rising occurs so fast it looks like a bubble of air rising in water. As the moon climbs higher above the horizon, it appears to "pop" from a flattened ball into a full circle.

William Pogue
USA

32-34 La Lune se lève pour *Skylab*

Under a full moon the clouds are luminous in pearly reflection. The high-altitude atmospheric airglow appears on the horizon as a stunning bronze-colored band above the now dark air. And lightning presents a show of beauty and power as it illuminates billowing clouds and weather fronts sometimes for distances of tens of miles. Beneath this natural wonder cities glow yellow or white, but are diminutive in scale.

Charles Walker
USA

Sous la pleine Lune, les nuages ont un reflet perlé. Pareil à un éblouissant anneau couleur de bronze se détachant dans l'air plus sombre, le rouge embrasement de l'atmosphère à haute altitude apparaît à l'horizon. Des éclairs offrent un spectacle de beauté et de puissance qui illumine les nuages houleux et les fronts nébuleux sur des dizaines de milliers de kilomètres. Ce merveilleux phénomène naturel jette des lueurs jaunes et blanches sur les villes, qui semblent maintenant de taille si réduite.

Charles Walker
Etats-Unis

There seems to be some sort of a collective organization to the lightning. When one goes off, two or three may go off simultaneously, or one of those may turn out to trigger a whole lot of other ones all over a very, very wide area – 500,000 square miles, perhaps.

Edward Gibson
USA

Les éclairs semblent disposer d'une sorte d'organisation globale. Quand l'un s'estompe, deux ou trois autres s'effacent simultanément. L'un peut se changer en détente et en allumer un grand nombre d'autres sur une zone vraiment très étendue — de peut-être plus d'un million de km^2.

Edward Gibson
Etats-Unis

Земля ночью выглядит еще волшебней, чем днем. Всегда где-нибудь бушуют грозы. Сполохи молний закрывают иногда до четверти материка. Сначала это волнение природы воспринималось как величественное зрелище. Ведь на корабле тихо. Не слышно раскатов грома, не чувствуется порывов ветра, и кажется, что все спокойно, просто игра света. Но вдруг невольно вообразишь, что это не молнии природных гроз, а взрывы бомб. И перехватывает дыханье от ужаса. Нет, никогда, никогда не должно произойти непоправимого. Пусть полыхают над нашей драгоценной Землей только вспышки молний и переливы северных сияний!

Владимир Шаталов
СССР

La nuit, la Terre paraît encore plus magique que durant le jour. Il y a toujours une tempête quelque part. La lueur des éclairs couvre parfois le quart d'un continent. Cette perturbation naturelle, cette éruption d'éclaboussures de lumière est un spectacle majestueux. A l'intérieur du vaisseau spatial, tout est calme. On n'entend rien du grondement du tonnerre, on ne sent rien des rafales du vent, et tout paraît tranquille, comme si c'était l'effet d'un simple jeu de lumières. Tout à coup, contre votre volonté, vous commencez à croire que ces éclairs ne résultent pas d'une tempête naturelle, mais proviennent de l'explosion de bombes. Non. C'est impossible. Seuls les éclairs et les aurores boréales peuvent éclater au-dessus de notre précieuse Terre.

Vladimir Shatalov
Union soviétique

Au clair de la Lune

35 La face cachée de la Lune

Coming across the Pacific we were given a "go" for translunar insertion. We fired the engine and it was just like we were in a gigantic elevator that was lifted straight up. I looked out my window and there, framed beautifully right in the center, were the Hawaiian Islands. All the while we were being lifted up majestically, accelerating to 25,000 miles an hour.

James Irwin
USA

Après avoir traversé le Pacifique, on nous a donné l'autorisation d'effectuer notre approche de la Lune. Nous avons procédé à la mise à feu du moteur et on s'est sentis comme élevés par un gigantesque ascenseur qui nous propulsait vers le haut. J'ai regardé par le hublot et là, merveilleusement cadrées en plein centre, s'étendaient les îles Hawaii. Nous continuâmes à nous élever majestueusement, parvenant à une vitesse de presque 45 000 km/h.

James Irwin
Etats-Unis

36 L'île de Hawaii

On ne ressentait pas bien ce qui se passait réellement, sauf que nous regardions l'ordinateur et que celui-ci additionnait les chiffres, passant de 1 à 37 000 par seconde. Mais la situation ne nous frappa vraiment que lorsque nous nous retournâmes pour jeter un regard vers la Terre. Depuis que nous avions procédé à l'allumage jusqu'à cet instant, elle avait commencé à rétrécir. Nous étions en route vers la Lune.

James Lovell Jr
Etats-Unis

There wasn't much sensation of what was really happening, except that we'd look at the computer and the computer was adding up the velocity, from a beat per second to 37,000 beats per second. But it really hit us when we turned around and looked at the Earth. From the time that it took us for the burn until we got around to see Earth again it had started to shrink. We were on our way to the moon.

James Lovell, Jr.
USA

37 La côte africaine

On ne s'est pas aperçus immédiatement que la Terre rétrécissait, tandis que nous nous en éloignions à toute allure. C'était plutôt comme quand on essaie d'observer le déplacement de la grande aiguille d'une montre. On sait qu'elle bouge, mais on ne la voit pas bouger. C'est seulement après qu'on a regardé autre part pendant quelques instants et puis qu'on en revient à l'aiguille des minutes, que l'on se rend compte de la réalité du mouvement. Et la Terre est finalement devenue si minuscule que je pourrais l'effacer de l'univers rien qu'en l'occultant de mon pouce.

Buzz Aldrin
Etats-Unis

We could not immediately detect the fact that the Earth was shrinking as we sped away from it. The sensation was rather like watching the hand on a clock move. You know it is moving, but watching it you cannot see it move. Only after looking elsewhere for a time, then returning to the minute hand, can one realize it actually did move. The Earth would eventually be so small I could blot it out of the universe simply by holding up my thumb.

Buzz Aldrin
USA

La Terre nous faisait penser à une décoration d'arbre de Noël se détachant sur le fond noir de l'espace. Plus nous nous éloignions et plus sa taille diminuait. Finalement, elle se trouva réduite à la taille d'une bille de verre, la plus belle bille qui se puisse imaginer. Ce bel objet chaud et vivant était si délicat, si fragile, que si on l'avait effleuré du doigt il se serait brisé et répandu en miettes. Quand un homme voit cela, il ne peut qu'être transformé, il ne peut que mesurer ce qu'est la création et l'amour de Dieu.

James Irwin
Etats-Unis

The Earth reminded us of a Christmas tree ornament hanging in the blackness of space. As we got farther and farther away it diminished in size. Finally it shrank to the size of a marble, the most beautiful marble you can imagine. That beautiful, warm, living object looked so fragile, so delicate, that if you touched it with a finger it would crumble and fall apart. Seeing this has to change a man, has to make a man appreciate the creation of God and the love of God.

James Irwin
USA

On voit le Soleil revenir à chaque rotation qu'effectue le vaisseau spatial. Puis c'est au tour de la Lune, de telle sorte que l'on a à travers les hublots ce défilé constant d'obscurité et d'étoiles d'un côté, et que de l'autre on voit successivement la Terre, le Soleil et la Lune flotter, et puis c'est de nouveau le ciel empli d'étoiles. C'est le frisson. Vous commencez soudain à comprendre que vous êtes au plus profond de l'espace, que les planètes ne sont rien d'autre que des planètes et que vous n'êtes plus réellement relié à quoi que ce soit désormais. Vous flottez dans un grand vide sombre.

Edgar Mitchell
Etats-Unis

You see the sun come around every so often as you rotate the spacecraft. Then you see the moon coming around, so through the windows of the spacecraft you get this constant parade of darkness and stars on one side, and then the Earth swings through, and then the sun swings through, and then the moon swings through, and back to the star-filled skies again. It's eerie. You suddenly start to recognize you're in deep space, that planets are just that, they're planets, and you're not really connected to anything anymore. You are floating through this deep black void.

Edgar Mitchell
USA

39 La pleine Lune depuis *Apollo 11*

It was a totally different moon than I had ever seen before. The moon that I knew from old was a yellow flat disk, and this was a huge three-dimensional sphere, almost a ghostly blue-tinged sort of pale white. It didn't seem like a very friendly or welcoming place. It made one wonder whether we should be invading its domain or not.

Michael Collins
USA

La Lune était totalement différente de celle que j'avais vue auparavant. La Lune que je connaissais depuis toujours n'était qu'un disque jaune et plat, alors que j'avais maintenant sous les yeux une superbe sphère tridimensionnelle, d'une pâle blancheur fantomatique teintée de bleu. Elle n'avait plus l'air d'un lieu accueillant ou amical, mais elle me poussait à me demander si oui ou non nous devions envahir son domaine.

Michael Collins
Etats-Unis

40 Cratères sur la face cachée de la Lune

I was lying there, looking out the window as we moved across the terminator. I was listening to the *Symphonie Fantastique,* and it was dark in the spacecraft. I was looking down at dark ground, and there was Earthshine. It was like looking at a snow-covered Earth scene under a full moon.

Ken Mattingly
USA

J'étais couché et je regardais par la fenêtre. Nous traversions le terminateur. J'écoutais la *Symphonie fantastique* et il faisait noir à l'intérieur du vaisseau. Je jetai un coup d'œil en bas, vers le sol, et je vis la Terre briller. On aurait dit une Terre couverte de neige sous la pleine Lune.

Ken Mattingly
Etats-Unis

We were in its shadow, and we were seeing its surface with sunlight that had traveled from the sun and then bounced off the surface of the Earth and then back up to the moon.

Michael Collins
USA

Nous étions dans son ombre et on voyait qu'à sa surface brillait une lumière qui avait fait le voyage depuis le Soleil, puis qui avait ricoché à la surface de la Terre, pour repartir vers la Lune.

Michael Collins
Etats-Unis

Quand on est du côté de la face cachée de la Lune, sa face nocturne, on ne voit rien de la surface. La Lune se définit alors simplement par l'absence d'étoiles. Les lois de la physique vous disent bien que votre superbe vaisseau est en orbite à 100 km d'altitude mais vous ne pouvez rien toucher. Et soudain vous vient cette pensée : « Bon Dieu, je glisse juste au-dessus de la surface d'une bien étrange planète ».

Michael Collins
Etats-Unis

On the backside of the moon, on the night side, you can't see the surface. The moon is defined simply by the absence of stars. The laws of physics tell you that your fine spacecraft is in an orbit sixty miles above it and there's no way you can hit anything. But the thought does occur, Gosh, I'm skimming along just barely over the surface of a strange planet.

Michael Collins
USA

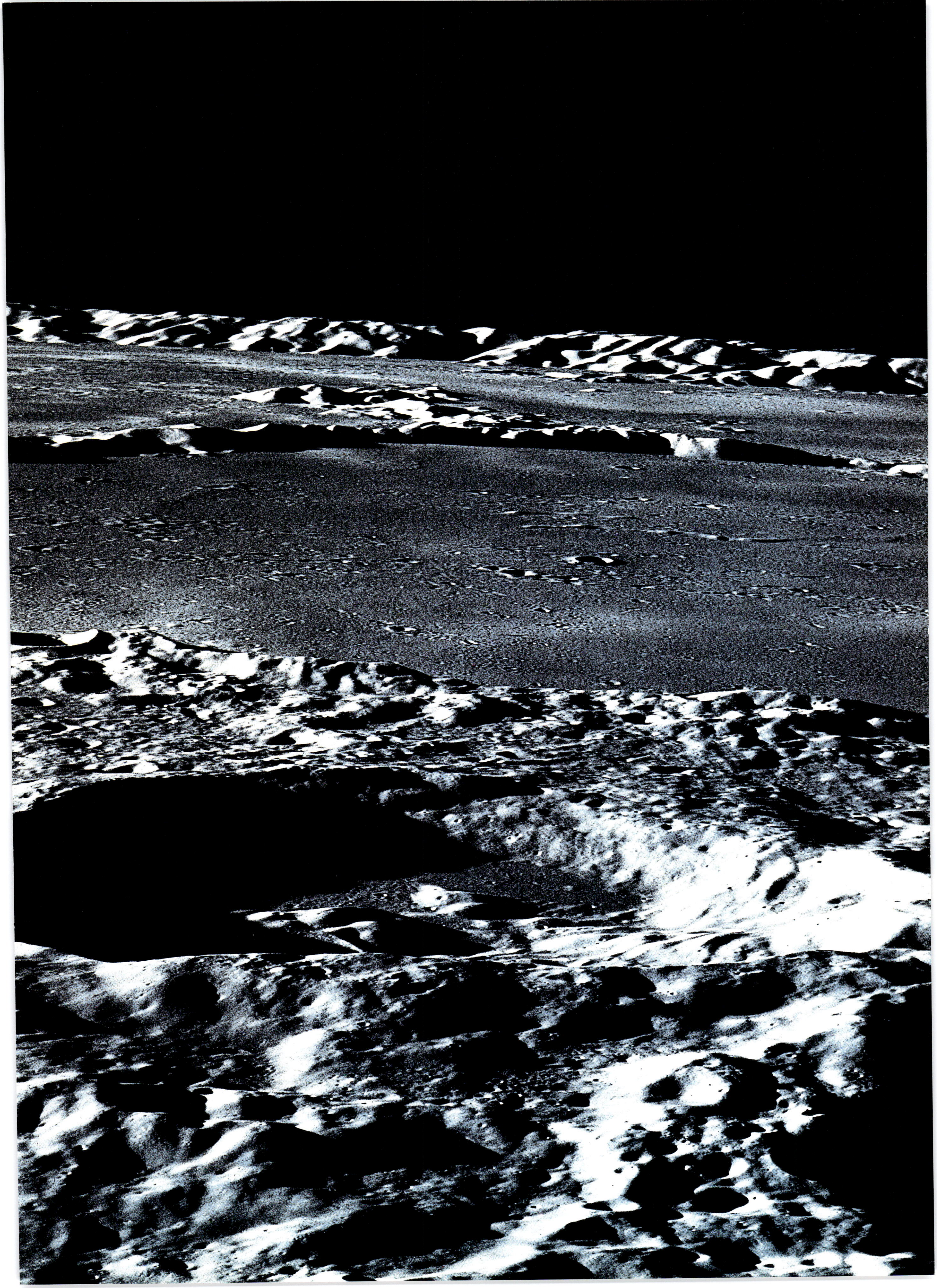

42–45 Lever de Terre vu depuis la Lune

Soudain, de derrière la lisière de la Lune, en longs et lents instants d'une grande majesté émerge un éblouissant joyau bleu et blanc, une légère et délicate sphère bleu ciel brodée de voiles blancs qui tourbillonnent lentement, s'élèvent par degrés comme une petite perle dans une lourde mer de noir mystère.
Il faut un long moment avant de se rendre compte qu'il s'agit de la Terre, notre demeure.

Edgar Mitchell
Etats-Unis

Suddenly from behind the rim of the moon, in long, slow-motion moments of immense majesty, there emerges a sparkling blue and white jewel, a light, delicate sky-blue sphere laced with slowly swirling veils of white, rising gradually like a small pearl in a thick sea of black mystery.

It takes more than a moment to fully realize this is Earth . . . home.

Edgar Mitchell
USA

I felt like I was an alien as I traveled through space. When I got on the moon, I felt at home. We had mountains on three sides and had the deep canyon to the west, a beautiful spot to camp. I felt in a way as Adam and Eve must have felt, as they were standing on the Earth and they realized that they were all alone.

I talk about the moon as being a very holy place.

James Irwin
USA

Voyageur dans l'espace, je me sentais comme un étranger, mais sur la Lune je me sentis chez moi. Il y avait des montagnes dans trois directions et une profonde vallée à l'ouest, un très bel endroit pour établir un campement. D'une certaine manière, je ressentais ce qu'Adam et Eve avaient dû ressentir d'être sur la Terre et de se rendre compte qu'ils y étaient seuls.
Pour moi, la Lune est une sorte de lieu saint.

James Irwin
Etats-Unis

46 Pierres de Lune

47 La vallée de Taurus-Littrow sur la Lune

48 Un astronaute à « Split Rock », le rocher fendu

49 La Terre s'élève au-dessus du paysage lunaire

As I orbited the moon, and the moon was in turn making its twenty-eight-day orbit around the Earth, I could watch the Earth change from three-quarters to one-half and on down to a crescent.

Ronald Evans
USA

Tandis que je tournais autour de la Lune et que la Lune elle-même effectuait son orbite de 24 heures autour de la Terre, je pus observer la Terre passer des trois quarts à la moitié de sa forme, jusqu'à ne plus former qu'un croissant.

Ronald Evans
Etats-Unis

50 Croissant de Terre

I have always thought it was curious that on the moon all the stars circulate around you, but not as fast as they do here; they do it once every twenty-eight days instead of once every twenty-four hours, and the sun moves around you the same way. Yet the Earth, which is the biggest object there, stays right in the same spot. I thought, If ancient man had been born on the moon instead of the Earth, he would have had much more difficulty determining what was going on, because these things would be in slow motion except for the one which was still. I felt pretty sure that in ancient cultures they would have worshipped the Earth and thought it was an eye, because it would change from blue to white and you would see something moving up there that did look like a colored eye.

Alan Bean
USA

J'ai toujours trouvé curieux que sur la Lune on voie les étoiles circuler tout autour, mais pas aussi vite qu'ici. Elles repassent tous les 28 jours seulement, au lieu de toutes les 24 heures sur la Terre, et il en est de même pour le Soleil. La Terre, en revanche, qui est le plus gros objet qu'on y voit, reste immobile au même endroit. Je pensai que si nos ancêtres étaient nés sur la Lune au lieu de la Terre, ils auraient eu encore plus de difficultés à déterminer comment le monde fonctionne, parce qu'ils auraient tout vu au ralenti ou à l'arrêt. Sûrement, les anciennes cultures auraient adoré la Terre en la prenant pour un œil, parce qu'elle passe du bleu au blanc et qu'on voit vraiment quelque chose bouger qui ressemble à un œil en couleurs.

Alan Bean
Etats-Unis

51 La Terre vue depuis *Apollo 15*

One thing that I remember most visually was being on the moon and looking back at the Earth and thinking how far, far away it was. I was impressed by the distance; it seemed very unreal for me to be there. Frequently on the lunar surface I said to myself, This is the moon, that is the Earth. I'm really here. I'm really here.

Alan Bean
USA

La chose dont je me souviens le mieux, sur le plan visuel, c'est d'avoir été sur la Lune, d'avoir regardé vers la Terre et de m'être dit qu'elle était loin, bien loin. Cette distance m'impressionnait. Ma présence là me semblait tout à fait irréelle. A plusieurs reprises, alors que je me trouvais à la surface de la Lune, je me suis dit : « Ici c'est la Lune, et là-bas c'est la Terre. Et moi je suis ici, je suis vraiment ici ».

Alan Bean
Etats-Unis

My view of our planet was a glimpse of divinity.

Edgar Mitchell
USA

Je regardai notre planète comme si j'avais entraperçu la divinité même.

Edgar Mitchell
Etats-Unis

Maintenant, je sais pourquoi je suis ici.
Pas pour mieux voir la Lune,
Mais pour mieux observer
Notre mère planète,
La Terre.

Alfred Worden
Etats-Unis

Now I know why I'm here
Not for a closer look at the moon,
But to look back
At our home
The Earth.

Alfred Worden
USA

53 La Terre éclipse le Soleil

Vous regardez par la fenêtre et vous voyez derrière vous l'obscurité de l'espace, à des centaines de milliers de kilomètres de distance, et la plus belle étoile des cieux. Vous n'êtes assez près d'aucune autre planète pour distinguer autre chose qu'un astre qui brille, mais en ce qui concerne la Terre, vous la parcourez du regard d'un pôle à l'autre, à travers océans et continents, vous la regardez tourner et il n'y a pas de ficelle qui la maintienne en l'air. Elle se déplace dans un espace sombre au-delà de toute expression.

La Terre est environnée d'obscurité, même quand vous la regardez à la lumière du Soleil. Il n'y a de lumière que si les rayons trouvent à se refléter, car quand le Soleil brille à travers l'espace, tout reste noir. Simplement parce que sa lumière ne vient rien heurter. Elle ne s'accroche à rien; alors tout vous semble noir.

Mais que regardez-vous ? À travers quoi regardez-vous ? Vous pouvez appeler cela l'Univers, mais c'est en fait l'infinité de l'espace et l'infinité du temps.

Eugene Cernan
Etats-Unis

You look out the window and you're looking back across blackness of space a quarter of a million miles away, looking back at the most beautiful star in the heavens. You're not close enough to any other planets to see anything but a bright star, but you can look back on the Earth and see from pole to pole and across oceans and continents, and you can watch it turn and see there are no strings holding it up, and it's moving in a blackness that is almost beyond conception.

The Earth is surrounded by blackness though you're looking through sunlight. There is only light if the sunlight has something to shine on. When the sun shines through space it's black. All because the light doesn't strike anything. The light doesn't strike anything, so all you see is black.

What are you looking at? What are you looking through? You can call it the universe, but it's the infinity of space and the infinity of time.

Eugene Cernan
USA

I enjoyed the fact that I was on one side of this little satellite of our planet and Neil and Buzz were somewhere over on the other side of it, and then there were three billion people a quarter of a million miles away. And that was all over there, and if I looked in the other direction there was God knows what: only me and the rest of the universe. I liked that feeling, being a part of the rest of the universe instead of part of the Solar System. I didn't mind being in that corner of the universe alone by myself. I enjoyed that. I wish someone would have communicated with me, but no one did.

Michael Collins
USA

J'ai beaucoup apprécié le fait que je me trouvais d'un côté du petit satellite de notre planète et que Neil et Buzz, eux, étaient quelque part de l'autre côté — et il y avait aussi quelque trois milliards d'hommes à 300 000 km de distance. Et tout finissait ici car, dans l'autre direction, il y avait Dieu sait quoi : rien que moi et le reste de l'Univers. Cette idée me plut : je faisais partie du reste de l'Univers et non pas simplement de notre Système solaire. Pas d'importance si je m'y trouvais tout seul, dans ce coin d'Univers. Cela me plaisait. J'aurais voulu que quelqu'un entre alors en contact avec moi, mais personne ne le fit.

Michael Collins
Etats-Unis

54 La Terre s'élève au-dessus de la Lune

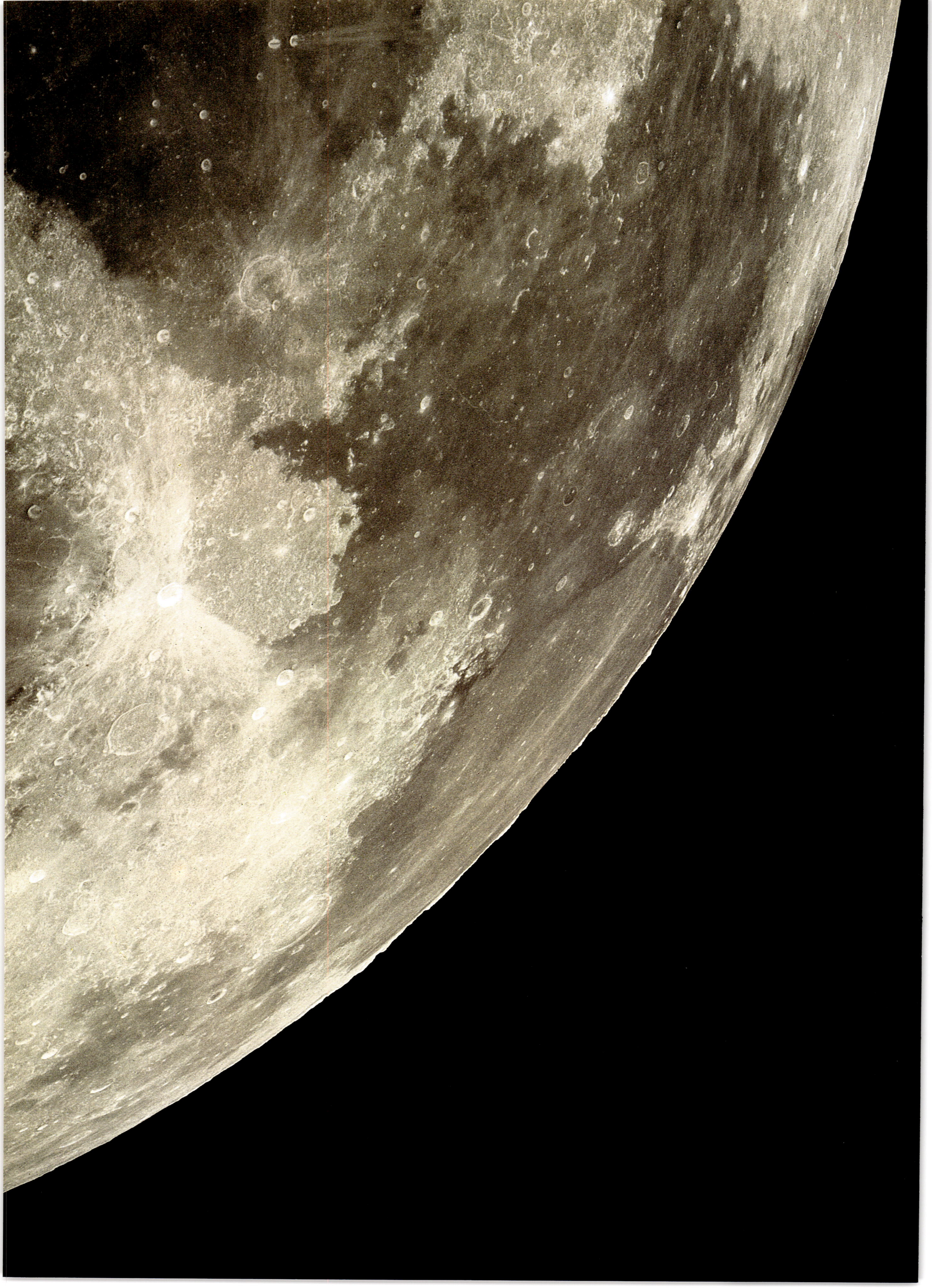

55 La surface de la Lune

56 Croissant de Terre

Sur le chemin du retour, nous avons procédé à des activités extra-véhiculaires. J'ai pris le temps de regarder autour de moi pendant que je me trouvais à l'extérieur. La Terre était sur ma droite, à 300 000 km, fine lamelle bleue et blanche comme une Lune naissante, entourée de toute l'obscurité de l'espace. Par-dessus mon épaule gauche, il y avait la Lune, presque pleine. Je ne me sentais pas participer. J'étais assis au dernier rang du balcon et j'assistais à cette pièce qui se jouait en dessous de moi. Ce fut vraiment la première fois que je ressentis l'insignifiance face à l'immensité de la création divine.

Charles Duke Jr.
Etats-Unis

On the way back we had an EVA. I had a chance to look around while I was outside and Earth was off to the right, 180,000 miles away, a little thin sliver of blue and white like a new moon surrounded by this blackness of space. Back over my left shoulder was almost a full moon. I didn't feel like I was a participant. It was like sitting in the last row of the balcony, looking down at all of that play going on down there. That was really the only time that I had that "insignificant" feeling of the immensity of this, God's creation.

Charles Duke, Jr.
USA

We spent most of the way home
discussing what color the moon was.

Eugene Cernan
USA

Nous avons passé la plupart du
temps, sur le chemin du retour, à
débattre de la couleur de la Lune.

Eugene Cernan
Etats-Unis

Les observations

Мне кажется, что даже мудрейшие философы Возрождения, самые дерзкие умы прошлого не могли реально оценить масштабы нашей планеты. Раньше она казалась огромной, почти бесконечной. Только в шестидесятые годы нашего столетия человек, поднявшись над Землей в космос, с удивлением и некоторым разочарованием обнаружил, насколько в действительности она мала. Некоторым она показалась островом в безграничном океане мироздания. Другие сравнивали ее с космическим кораблем, экипаж которого превышает шесть миллиардов человек.

Павел Попович
СССР

Je crois que même les plus savants des philosophes de la Renaissance et les plus audacieux esprits du passé n'auraient jamais pu estimer la taille réelle de notre planète. Longtemps, elle avait paru immense, presque infinie. C'est seulement à partir du milieu de notre siècle que l'homme, s'étant rendu dans l'espace au-dessus de la Terre, a pu se rendre compte avec surprise et incrédulité combien la Terre est en fait petite. D'aucuns ont vu en elle une île flottant dans l'infini de la création; d'autres l'ont comparée à un vaisseau spatial peuplé d'un équipage de plus de six milliards d'hommes.

Pavel Popovitch
Union soviétique

Через несколько суток созерцания Земли возникла ребяческая мысль, что нас обманывают: «Если мы первенцы в космосе, то кто же смог так правильно сделать глобус?», сменившаяся гордостью за способность человека видеть разумом.

Игорь Волк
СССР

Après plusieurs jours d'observation de la Terre, une idée puérile me vint à l'esprit : nous, les cosmonautes, on nous trompait. Si nous sommes les premiers dans l'espace, alors qui a bien pu faire ce globe aussi parfait ? Mais cette pensée laissa bientôt place à une grande fierté pour ce pouvoir qu'à l'homme de percevoir avec sa propre intelligence.

Igor Volk
Union soviétique

57 L'Afrique et l'Océan Indien

Pour la première fois de ma vie, j'ai perçu l'horizon comme une ligne courbe. Il était souligné d'une fine veine bleu foncé — notre atmosphère. Visiblement, il ne s'agissait pas là de l'océan de lumière dont on m'avait souvent parlé au cours de ma vie. Cette fragile apparence me causa une certaine frayeur.

Ulf Merbold
République fédérale d'Allemagne

Zum ersten Mal in meinem Leben sah ich den Horizont als eine gobogene Linie. Sie war durch eine dunkelblaue dünne Naht betont-unsere Atmosphäre. Offensichtlich handelte es sich hierbei nicht um das Luftmeer, wie man mir oft in meinem Leben erzählte. Die zerbrechliche Erscheinung versetzte mich in Schrecken.

Ulf Merbold
Bundesrepublik Deutschland

59 Des cumulonimbus au-dessus du Nigéria

You see layers as you look down. You see clouds towering up. You see their shadows on the sunlit plains, and you see a ship's wake in the Indian Ocean and brush fires in Africa and a lightning storm walking its way across Australia. You see the reds and the pinks of the Australian desert, and it's just like a stereoscopic view of all nature, except you're a hundred ninety miles up.

Joseph Allen
USA

Vous descendez. Les nuages planent très haut, couche après couche. Leurs ombres se découpent sur les plaines ensoleillées. Le sillage d'un navire se dessine dans l'Océan Indien; il y a un feu de brousse en Afrique et une tempête d'éclairs traverse l'Australie; et il y a les rouges et les roses du désert australien. Tout cela fait comme un portrait stéréoscopique de la nature, à part le fait que vous voguez à 350 km d'altitude.

Joseph Allen
Etats-Unis

地球美景
我見猶憐

王戇駿
美國/中國

On m'avait dit : « Si vous avez des expériences à mener, alors ne vous approchez pas de la fenêtre ». Aussi, tout à mes préoccupations, n'est-ce pas avant le dernier jour du vol que j'ai enfin eu l'occasion de regarder dehors. Et alors, j'ai été réellement bouleversé.

Il y a un conte chinois qui parle d'hommes venus faire du mal à une jeune fille et qui, à la simple vue de sa beauté, se transformèrent d'agresseurs en protecteurs. C'est ce que j'ai ressenti après avoir vu la Terre pour la première fois : rien n'aurait pu m'empêcher de l'aimer.

Taylor Wang
Chine/Etats-Unis

60 La côte atlantique de l'Afrique du Sud

Однако ловишь себя на мысли, что смотришь на всю эту красоту под профессиональным углом зрения: отмечаешь степень прозрачности атмосферы и метеоструктуру, следы течений в океане, скопления планктона, техногенные загрязнения, интересные геологические структуры, места лесных пожаров, участки засоленности почв, идентифицируешь, фотографируешь, записываешь – в общем, работаешь. А время то стремительно летит, обгоняя корабль, то почти стоит – совсем по Эйнштейну.

Юрий Романенко
СССР

Vous vous rendez compte que vous observez toute cette beauté d'un œil professionnel. Vous notez la transparence de l'atmosphère et de sa structure météorologique, la trace des courants océaniques, les bancs de plancton, les traces laissées par la pollution industrielle, les formations géologiques les plus intéressantes, les zones détruites par les feux de forêt, les réseaux de salines. Vous identifiez, photographiez, couchez sur papier : en fait vous travaillez. Et puis le temps passe, puis il suspend son vol. Comme Einstein l'a dit : tout est relatif.

Youri Romanenko
Union soviétique

En survolant la planète, nous avons observé un certain nombre de phénomènes incompréhensibles. Par exemple, cette étrange lueur scintillante avant le lever du Soleil près de l'Equateur, qui ressemble à une aurore boréale, et aussi ces ombres brunes, sur la face visible de la Lune, qui se modifient constamment.

Valery Ryoumine
Union soviétique

Пролетая над планетой, мы наблюдали некоторые непонятные, таинственные явления, например, появляющееся перед восходом солнца странное мерцающее свечение вблизи экватора, похожее на северное сияние, и коричневые, непрерывно меняющиеся тени на дневной стороне Земли.

Валерий Рюмин
СССР

61 Le pseudo-cratère de Richat en Mauritanie

62 Le golfe de Carpentarie en Australie

63 La côte occidentale de l'Australie

Cette beauté est faite de nuances subtiles, d'un équilibre miraculeux de teintes resplendissantes et douces. Seul un enfant dans son innocence pourrait appréhender la pureté et la splendeur de cette vision.

Patrick Baudry
France

The Pacific. You don't comprehend it by looking at a globe, but when you're traveling at four miles a second and it still takes you twenty-five minutes to cross it, you know it's big.

Paul Weitz
USA

Le Pacifique, on ne peut pas l'appréhender rien qu'en contemplant une mappemonde, mais quand on se déplace à plus de sept kilomètres à la seconde et qu'il faut encore vingt-cinq minutes pour le traverser, alors on s'aperçoit qu'il est grand.

Paul Weitz
Etats-Unis

64 Le Pacifique occidental

65 Le détroit de Floride

Поверхность океана сначала кажется совершенно однообразной; однако через полмесяца мы начали различать по характерным оттенкам различные моря и даже части океанов. Мы с удивлением обнаружили, что во время полета заново приходится учиться не только смотреть, но и видеть. Сначала тонкие цветовые оттенки ускользают от глаза, но постепенно зрение как будто обостряется, цветовое восприятие становится богаче и, наконец, вся планета предстает перед глазами во всей своей неописуемой красоте.

Владимир Ляхов
СССР

Quoique la surface des océans paraisse à première vue parfaitement homogène, après quinze jours de vol on commence à distinguer les nuances caractéristiques des différentes mers et de leurs différentes zones. Nous fûmes étonnés de découvrir qu'au cours d'un vol on réapprend non seulement à regarder mais aussi à voir. D'abord, les plus fines nuances des couleurs vous échappent, puis peu à peu la vision s'aiguise et la perception des couleurs s'enrichit, et la planète alors s'étale aux regards dans toute son indescriptible beauté.

Vladimir Lyakhov
Union soviétique

Now as we were crossing the eastern coast of South America I looked out to the sea and got an absolutely perfect view of the confluence of the Falkland and South Equatorial currents. You can see the Falkland Current coming up from the south, and you can see, not quite so clearly, the Equatorial Current coming down from the north. And out from the city of Buenos Aires you can see where these two currents meet and head straight to the southeast.

Gerald Carr
USA

Alors que nous traversions la côte occidentale de l'Amérique du Sud, je jetai un coup d'œil vers la mer et je vis avec une précision absolue la rencontre du courant des Malouines et du courant sud-équatorial. Le premier vient du sud et le second, moins distinct, arrive du nord. On aperçoit ainsi, au large de la ville de Buenos Aires, l'endroit où les deux courants se rejoignent et d'où ils filent ensuite droit vers le sud-est.

Gerald Carr
Etats-Unis

66 Bancs de plancton au large de la Nouvelle-Zélande

Nous apercevions les bancs de plancton formés grâce à l'*upwelling* passant au large de la côte chilienne. Le banc lui-même courait le long de la ligne côtière et lançait de longs bras fins vers la mer. Ces lignes avancées, qui poussaient au hasard dans toutes les directions, bien contrastées, aux couleurs pâles, se différenciaient du bleu sombre de l'océan. A cet endroit-là la pêche devait être bonne.

Edward Gibson
Etats-Unis

We were able to see the plankton blooms resulting from the upwelling off the coast of Chile. The bloom itself extended along the coastline and had some long tenuous arms reaching out to sea. The arms or lines of plankton which were pushed around in a random direction, fairly well defined but fairly weak in color, contrasted with the dark blue ocean. The fishing ought to be good down there.

Edward Gibson
USA

In the middle of the night we were lying on the ceiling looking out the window at the most fantastic thing that any human being has ever seen. Then we both said it almost at the same time – that the only sadness to the whole experience was the fact that there was the very real possibility that our wives and children would never share that with us.

Robert Cenker
USA

C'était le milieu de la nuit. Nous flottions au plafond, observant par la fenêtre le plus étonnant spectacle qu'ait jamais contemplé être humain. Puis nous fîmes tous deux remarquer, presque en même temps, que la seule déception de toute cette expérience résidait dans le fait qu'il était fort probable que nos femmes et nos enfants ne la partageraient sans doute jamais avec nous.

Robert Cenker
Etats-Unis

68 Le grand banc des Bahamas

Пролетая над Мозамбикским проливом, разделяющим африканский континент и остров Мадагаскар, хорошо видели поперечные песчаные отмели на его дне. Совсем как речушка, которую переходил вброд в детстве.

Лев Дёмин
СССР

Pendant que nous traversions le détroit de Mozambique, qui sépare Madagascar du continent africain, nous y distinguâmes clairement, au fond, les barres sableuses. C'était comme ces ruisseaux que, dans notre enfance, nous passions à gué.

Lev Demine
Union Soviétique

Ich mache mir Sorgen, wenn der russische Kosmonaut mir erzählt, daß die Atmosphäre über dem Baikal-See genauso verschmutzt ist wie über Europa, und wenn der amerikanische Austronaut erwähnt, daß er vor 15 Jahren viel klarere Fotografien von Industriezentren aufnehmen konnte als heute.

Ernst Messerschmidt
Bundesrepublik Deutschland

Quand le cosmonaute russe m'a dit que l'atmosphère au-dessus du lac Baïkal était aussi polluée qu'au-dessus de l'Europe, et quand l'astronaute américain m'a dit que, quinze ans plus tôt, il prenait des photographies beaucoup plus claires des centres industriels, alors je me suis senti réellement concerné.

Ernst Messerschmidt
République fédérale d'Allemagne

The sunlight on seemingly "dry" land, in semi-arid South and East Africa, for example, has a special beauty. Myriad small ponds and streams would reflect the full glare of the sun for one or two seconds, then fade away as a new set of water surfaces came into the reflecting position. The effect was as if the land were covered with sparkling jewels.

Karl Henize
USA

L'éclat du Soleil, quand il coule sur les terres sèches, semi-arides, du sud et de l'est africain par exemple, a une beauté particulière. Des milliers de marigots et de courants réfléchissent son plein éclat pendant une ou deux secondes, puis ils s'évanouissent tandis que de nouvelles surfaces d'eau se mettent en position de reflet. C'est comme si la Terre était recouverte de joyaux scintillants.

Karl Henize
Etats-Unis

73 Lacs gelés du grand Bouclier canadien

72 Réseau d'irrigation au Brésil

Les signes de vie sont discrets, mais on ne peut les manquer : des concentrations urbaines qui s'étalent, des réseaux circulaires d'irrigation, les sillages des navires, les brillantes lumières des villes et les champs de pétrole en feu.

Marc Garneau
Canada

The signs of life are subtle but unmistakable: sprawling urban concentrations, circular irrigation patterns, the wakes of ships, bright city lights at night, and burning oil fields.

Marc Garneau
Canada

Madagascar is still green with tropical forest but probably not for long. The ocean around that island is colored a thick bloody red by the silt that is being eroded from recently deforested areas.

And how much desert there is on the Earth. Over Africa I never saw a great expanse of green tropical rain forest. North Africa is the Sahara Desert, Southwest Africa is the Namib Desert, and South and East Africa is semi-arid grassland.

Karl Henize
USA

Madagascar est encore verte, grâce à sa forêt tropicale, mais sans doute ne le restera-t-elle pas longtemps. L'océan autour de cette île est teint d'un rouge profond dû au *silt* qui vient des régions récemment victimes de la déforestation.

Combien de désert il y a sur Terre ! Au-dessus de l'Afrique, je n'ai jamais réellement vu de grandes zones de forêt tropicale humide. En Afrique du Nord, il y a le Sahara; dans le sud-ouest, le Namib; au sud et à l'est la savane semi-aride.

Karl Henize
Etats-Unis

74 Le fleuve Betsiboka et la baie de Majunga à Madagascar

Africa looked ill with its sandstorms and the dried-out areas.

Robert Overmyer
USA

L'Afrique me parut malade, avec ses tempêtes de sable et ses régions desséchées.

Robert Overmyer
Etats-Unis

75 Le golfe Persique

Dasht-i-Kavir, a salt desert in Iran, looked more like Jupiter with the great swirls of reds and browns and whites, the brilliant residues of generation after generation of evaporated salt lakes.

Robert Crippen
USA

Le Dacht-i-Kevir, ce désert salé d'Iran, ressemblait plutôt à la planète Jupiter, avec ses longs tourbillons de rouges, de blancs et de bruns, brillants résidus de générations et de générations de lacs de sel évaporé.

Robert Crippen
Etats-Unis

76 Le Dacht-i-Kevir en Iran

После того, как оранжевое облако, образовавшееся в результате пыльной бури над Сахарой и подхваченное воздушными течениями, достигло Филиппинских островов и осело там с дождем, мне стало понятно, что все мы плывем в одной лодке.

Владимир Коваленок
СССР

Un nuage orange, conséquence d'une tempête de sable qui s'était levée sur le Sahara et qui avait été emportée par des courants aériens, atteignit les Philippines où il se dissipa en pluie. Je compris alors que nous naviguons bien tous dans la même galère.

Vladimir Kovalyonok
Union soviétique

Je voyais la Terre depuis l'espace, si belle depuis qu'avaient disparu les cicatrices des frontières nationales.

Mohammed Ahmed Faris
Syrie

من الفضاء رأيت الأرض جميلة رائعة وتلاشت الحدود بين البلدان.

محمد أحمد فارس
سوريا

Проходим над Гималаями. Видим хребты с высочайшими вершинами мира. На краю долины Катманду, вытянувшейся с севера на юг, нашел Эверест. Как много людей мечтает взобраться на него, чтобы оттуда взглянуть вниз, а нам его сверху даже трудно распознать.

Валентин Лебедев
СССР

Nous survolons l'Himalaya. Au-dessous de nous, les formations montagneuses et les cimes les plus élevées du monde. Au bout de la vallée de Katmandou, qui va du Nord au Sud, s'élève l'Everest. Il y a tellement de gens qui rêvent de conquérir l'Everest pour pouvoir contempler le monde à leurs pieds, et nous, d'ici en haut, nous ne parvenons même pas à le localiser.

Valentin Lebedev
Union soviétique

77 Les hauts sommets de l'Himalaya

The clouds were always different, the light was different. Snow would fall, rain would fall – you could never depend on freezing any image in your mind.

William Pogue
USA

La lumière était différente, les nuages étaient sans cesse différents. Il pouvait neiger, il pouvait pleuvoir : l'esprit ne parvenait à se cramponner à aucune image.

William Pogue
Etats-Unis

78 Alignement de nuages au-dessus de l'Argentine

On s'attend à des bleus, des verts, des blancs, des bruns. Au lieu de cela, des roses, des pourpres, des jaunes ! Je ne puis plus penser à rien d'autre qu'à ce que l'on ressent lorsque l'on voit notre planète depuis l'espace pour la première fois.

Byron Lichtenberg
Etats-Unis

One expects blues and greens, whites and browns, but the pinks, purples, yellows! I can only think about the colors that one experiences seeing our planet for the first time from space.

Byron Lichtenberg
USA

79 Coucher de Soleil sur le Paraguay

धीरे धीरे मेरा मानसिक क्षितिज विस्तृत होता गया... यह भावना और भी प्रगाढ हो गई जब पृथ्वी को मैंने एक सीमारहित, आकर्षणहीन काले शून्य की पृष्ठभूमि में देखा । मुझे इस बात की प्रसन्नता थी कि मेरे देश की सदियों पुरानी समृद्ध परम्पराओं एवं संस्कृति ने मुझे मनुष्य द्वारा बनाई हुई सीमाओं और पक्षपातों से परे देखने के योग्य बनाया है । मुझे यह भी अनुभव हुआ कि एकत्व की इस भावना को महसूस करने के लिए, किसी को अंतरिक्ष में जाने की आवश्यकता नहीं ।

राकेश शर्मा
भारत

Les limites de mon imagination ont reculé lorsque j'ai pu contempler la Terre qui se détachait au sein d'un néant sombre et peu engageant. Les riches traditions de mon pays m'ont préparé à surmonter les préjugés et les frontières nationales. Il n'est pas nécessaire d'entreprendre un vol spatial pour parvenir à un tel sentiment.

Rakesh Sharma
Inde

80 Le détroit d'Ormuz

Vers six heures du soir nous avons survolé le littoral méditerranéen de la France presque au-dessus de Marseille. J'ai habité cette région pendant plus de vingt ans et je la connais bien. En même temps, je pouvais voir toute la France, la Corse, la Sardaigne, l'Italie, une partie de l'Espagne, discerner le sud de l'Angleterre, une partie de l'Allemagne. En somme, je voyais une partie considérable de la Terre, tout en distinguant sans difficulté les petits détails du terrain où j'avais marché à pied quelques semaines auparavant. Alors je souris de me rendre compte de l'immensité dérisoire et relative de notre planète. Quelques secondes plus tard, nous survolions l'URSS !

Jean-Loup Chrétien
France

Les premiers jours, nous montrions nos propres pays. Au troisième et au quatrième jour, notre continent. Dès le cinquième jour, nous ne fîmes plus attention qu'à la seule Terre.

Sultan ben Salman al-Saoud
Arabie saoudite

في اليوم الأول من مدارنا حول الأرض كان كل منا يشير إلى بلده عند مرورنا فوقها... ولكن مع مرور الأيام وعلى وجه التحديد في اليوم الثالث أو الرابع بدأ كل منا يشير إلى قارته... ومع قدوم اليوم الخامس لم نلاحظ حتى القارات وبدأنا ننظر إلى الأرض كوكب واحد.

سلطان بن سلمان آل سعود
المملكة العربية السعودية

Desde el espacio me ví simplemente como una persona más entre los millones y millones que han vivido, viven y vivirán sobre la Tierra. Inevitablemente, esto le hace a uno reflexionar sobre su propia existencia y la forma en que debemos vivir nuestras cortas vidas plenamente, disfrutando . . . compartiendo.

Rodolfo Neri-Vela
México

Depuis l'espace, je me vois simplement comme un homme parmi les millions et les millions d'autres qui ont vécu, qui vivent, qui vivront sur cette Terre. Cela conduit inéluctablement à penser à sa propre existence et à la façon dont il nous faut vivre, partager et jouir pleinement de nos courtes vies.

Rodolfo Neri-Vela
Mexique

83 Dunes longitudinales dans le désert algérien

Tizenkét éves voltam akkor. A gyulaházi elemi iskolába jártam, Magyarország északkeleti részén. A gyulaházi parasztok, akik nagyon is földi gondolkodású emberek, úgy fogadták Gagarin ürutazásának hirét, mint valami természetfölötti dolgot. Sokan egyszerüen el sem akarták hinni, hogy az ember képes ilyen magasságokba szállni.

Farkas Bertalan
Magyar Népköztársaság

J'avais à peine douze ans et j'allais à l'école du village de Dyulahas, dans le sud-est de la Hongrie, lorsque Gagarine effectua son exploit. Les paysans du lieu étaient des gens très simples, aussi accueillirent-ils la nouvelle comme s'il s'agissait de quelque chose de surnaturel. Bon nombre même ne voulurent pas croire qu'un homme avait pu tant s'éloigner de la Terre.

Bertalan Farkas
Hongrie

84 Le plateau de l'Hadramaout au Yemen du Sud

C'est quand on regarde dans l'autre sens vers les étoiles que l'on se rend réellement compte qu'il y a un sacré bout de chemin jusqu'au prochain trou d'eau.

Loren Acton
Etats-Unis

When you look out the other way toward the stars you realize it's an awful long way to the next watering hole.

Loren Acton
USA

За 18 суток космического полета я убедился, что все обозримое пространство безжизненно. Черная пустота, белые немигающие звезды и планеты. Мысль об уникальности жизни и рода человеческого в безграничной Вселенной порой сильно угнетала меня, вызывала тоску и в то же время заставляла по-иному все осознать.

Природа была беспредельно добра к нам, позволив нам, людям, появиться, выстоять, возмужать. Она щедро одарила нас всем тем, что скопила за миллиарды лет неодушевленного развития. Мы стали сильными и могущественными А чем ответили на добро?

Юрий Глазков
СССР

Après dix-huit jours de cette mission spatiale, j'acquis la conviction que tout l'espace visible — ce grand vide sombre, ces étoiles et ces planètes blanches et sans éclat — était sans vie. Penser que la vie et l'humanité puissent être des cas uniques dans cet univers infini me plongea dans la mélancolie et l'affliction et m'amena à réévaluer les choses différemment.

La nature s'est montrée infiniment bonne envers nous; elle a aidé l'humanité à apparaître, à s'élever, à croître en force. Elle nous a généreusement fait don de tout ce qu'elle a amassé à travers des milliards d'années de développement inanimé. Nous sommes à présent forts et puissants, mais comment avons-nous répondu à tant de bonté ?

Youri Glazkov
Union soviétique

Ngay từ thời thơ ấu tôi đã yêu bầu trời. Khi được bay, tôi đã muốn bay cao hơn nữa vào khoảng không gian bao la để trở thành "con người ở tầm cao". Sau 8 ngày bay trong vũ trụ tôi thấu hiểu được rằng, tầm cao cần thiết cho con người trước tiên là hiểu rõ hơn Trái Đất đã chịu nhiều đau khổ, quan sát tất cả những gì mà ở gần ta không thể nhận thấy. Không chỉ để chiêm ngưỡng vẻ đẹp kiều diễm của Trái Đất, mà còn để nhận rõ trách nhiệm, cần phải tiến hành công việc thế nào cho tốt hơn để không làm mảy may tổn hại tới thiên nhiên.

Phạm Tuân
Viêt nam

Je suis amoureux du ciel depuis ma naissance. Dès que j'ai pu voler, j'ai voulu aller plus haut, pénétrer dans l'espace et devenir un « homme des altitudes ». Au cours des huit jours que j'ai passés dans l'espace, j'ai pu m'assurer que l'homme a besoin de prendre de la hauteur d'abord pour mieux connaître cette Terre qui a tant souffert, et donc de façon à voir ce qui ne peut être saisi quand on la voit de trop près. Pas seulement pour apprécier sa beauté, mais aussi pour la convaincre que nous n'avons pas l'intention d'infliger le moindre préjudice à la nature.

Pham Tuan
Viêt-nam

86 Le lac de Van en Turquie orientale

Comme je regardais en dessous de moi, je vis un grand fleuve qui serpentait lentement sur des kilomètres et qui passait d'un pays à l'autre sans obstacle. Je vis aussi d'immenses forêts chevaucher plusieurs frontières à la fois et j'observai un même océan baigner les rivages de plusieurs continents. Ces deux mots me vinrent aussitôt à l'esprit : *communauté* et *interdépendance*. Car il n'y a qu'un seul monde.

John-David Bartoe
Etats-Unis

As I looked down, I saw a large river meandering slowly along for miles, passing from one country to another without stopping. I also saw huge forests, extending across several borders. And I watched the extent of one ocean touch the shores of separate continents. Two words leaped to mind as I looked down on all this: commonality and interdependence. We are one world.

John-David Bartoe
USA

85 Le fleuve Gambie en Afrique occidentale

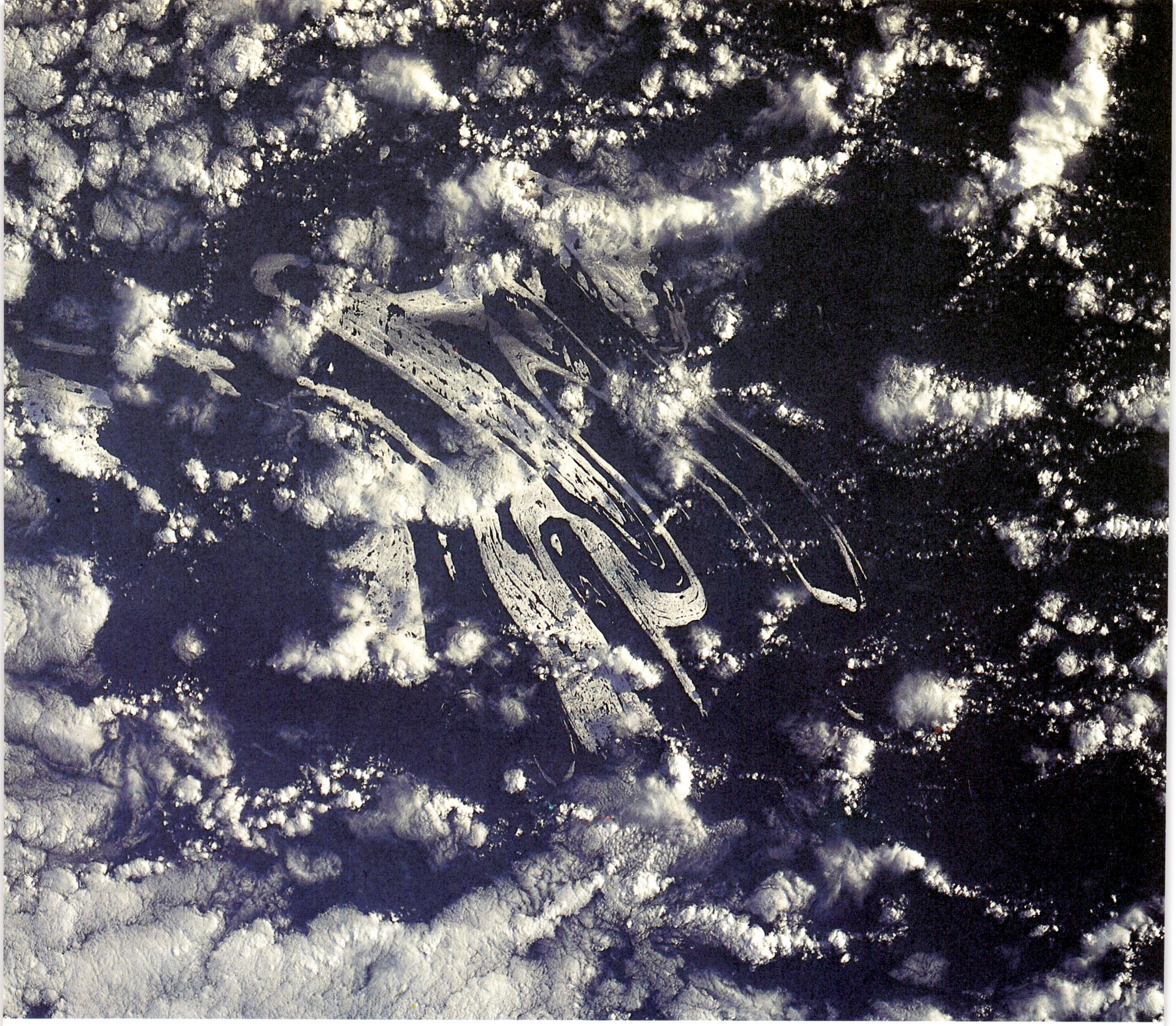

87 Les îles Belcher et la baie d'Hudson au Canada

Во время космического полета психика каждого космонавта перестраивается. Увидев Солнце, звезды и нашу планету, становишься более жизнелюбивым, более мягким, начинаешь трепетнее относиться ко всему живому, добрее, терпимее относиться к окружающим людям. Во всяком случае, со мной произошло именно это.

Борис Волынов
СССР

Au cours d'un vol dans l'espace, l'esprit de tout astronaute se remodèle. Après avoir vu le Soleil, les étoiles et la Terre, il devient plus mesuré, mais aussi plus plein de vie. Il commence à voir tout ce qui est vivant avec une plus grande acuité, ce qui lui permet plus de patience aussi et de gentillesse envers ses proches. En tout cas, c'est ce qui m'est arrivé.

Boris Volynov
Union soviétique

89 Le Nil et le lac Nasser en Égypte

88 L'île de Rodriguès dans l'Océan Indien

Les stations spatiales

Ние наближихме станцията, но не можахме да се скачим. Главният двигател на кораба неочаквано излезе от строя.
«Работата изглежда сериозна, Георги,» каза командирът.
Корабът се върти, отблясъците от звездите претичват по стените на кабината. Часът е два през нощта.
«Да си лягаме, че утра ни чака труден ден,» заповяда Николай.

Но и двамата не можахме да мигнем. Спомнях си своите детски години, родното ми градче Ловеч. Балкана. Роднините си. И естествено мама. Сигурно много се вълнува.

Сутринта казвам на командира: «Хайде да си хапнем. Когато яде, човек за всички неприятности забравя!»

А Николай ми отговаря: «Ако се върнем, тогава ще си похапнем.»

Георги Иванов
НРБ

Nous nous approchâmes de la station spatiale mais, comme le moteur principal du vaisseau était soudain tombé en panne, nous ne pûmes accoster.

— « Eh bien, Georgi, le problème est sérieux, n'est-ce pas ? », me dit le commandant.

Notre engin pivota et les éclats des étoiles se mirent à courir le long des murs de la cabine. Il était deux heures du matin.

— « Allons nous coucher », ordonna Nicolai, « demain nous aurons une journée pénible ».

Aucun de nous ne put trouver le sommeil. Je me rappelai mon enfance, ma vie natale de Lovech, les montagnes, mes proches, et bien sûr ma mère. Le matin, je demandai au commandant : « Si nous déjeunions ? Vous savez combien, à table, les problèmes s'estompent. »

Mais Nicolai répliqua : « Si on en revient, alors on mangera ! »

Georgi Ivanov
Bulgarie

90 *Soyouz T-2* en orbite terrestre

Стыковку со станцией «Салют-5» мне пришлось производить в темноте и вручную, не полагаясь на показания приборов. Напряжение было большое. Я, кажется, перестал дышать. Только после механического захвата станции я сделал, наконец, выдох. Он был таким громким, что его услышали даже на Земле, в Центре управления полетом.

Виктор Горбатко
СССР

J'ai dû effectuer l'arrimage à *Salyout 5* dans le noir, manuellement et sans instruments. J'étais très tendu et je crois même que j'ai cessé un moment de respirer. C'est seulement après que la station a été verrouillée mécaniquement que j'ai enfin repris mon souffle, si profondément qu'il s'est entendu jusque sur Terre, dans le centre de contrôle.

Victor Gorbatko
Union soviétique

91 Nuages sur le Pacifique

O'Henry, le célèbre humoriste américain, explique dans une de ses nouvelles que le meilleur moyen d'encourager l'art de l'assassinat consiste à enfermer deux hommes pour deux mois dans un local clos de cinq mètres sur six. En pénétrant dans *Salyout,* qui allait être notre maison et notre bureau pendant six mois, nous nous sommes dit : « Nous sommes comme des frères. Je suis toi et tu es moi. »

Valery Ryoumine
Union soviétique

О'Генри, американский писатель, в одном из своих рассказов писал, что если вы хотите поощрять ремесло человеко-убийства, то нужно запереть двух мужчин на месяц в хижине 18 на 20 футов. Человеческая натура этого не выдержит.

Входя в Салют, который нам послужит и домом, и кабинетом шесть месяцев, мы сказали друг другу: «Мы братья. Я тебе, а ты мне.»

Валерий Рюмин
СССР

92 Les Andes au Pérou

Первые часы в космосе, конечно, не идиллия. Физическое ощущение такое, будто вся кровь устремилась к голове – голова тяжелая, при закрытых глазах кажется, что опрокидываешься назад.
Тело необыкновенно легкое, тренированные мышцы не имеют никакой нагрузки. Вестибулярный аппарат, который осуществляет ориентацию в пространстве – словно компас, стрелка которого неожиданно отклонилась от полюсов Земли. Сначала чувствуешь, что все время хочется держаться за что-то, держишься, отпускаешь со страхом и потом понимаешь, что некуда упасть и просто висишь в том же месте.

Георгий Береговой
СССР

Les premières heures dans l'espace, on n'est vraiment pas à la fête. On éprouve la sensation physique qu'on a tout le sang qui monte à la tête, et celle-ci devient vraiment lourde. Les yeux fermés, on a l'impression de basculer en arrière. Soit on flotte, soit on effectue des sauts périlleux arrière. Le corps est d'une étrange légèreté et les muscles semblent ne plus servir à grand-chose. Votre oreille interne, l'organe qui constitue le sens de la position, devient une boussole dont l'aiguille a soudain perdu la direction des pôles. Au début, on essaie toujours de s'accrocher à quelque chose. D'abord on se tient, pour éliminer tout déséquilibre, jusqu'au moment où on se rend compte qu'on ne peut tomber nulle part et qu'en fait on reste suspendu au même endroit.

Georgi Beregovoy
Union soviétique

Занятно, что в космическом корабле можно принять любое положение: вверх ногами, наискось под любым углом. Мне, например, нравилось прикреплять ноги к потолку, а Виталий Севастьянов «садился» на диван и фиксировал себя ремнями. Наши лица оказывались на одном уровне, но перевернутыми по отношению друг к другу на 180°. Нам так было удобно. Мы обедали, разговаривали, шутили. Со стороны, конечно, все выглядело более чем странно.

Андриян Николаев
СССР

Dans un vaisseau spatial, n'importe quelle position est possible, la tête en bas ou plié en angle. C'est amusant ! Par exemple, j'aimais beaucoup attacher mes jambes au plafond, tandis que Sebastianov s'asseyait, sanglé sur sa couchette. Nos têtes alors se trouvaient au même niveau, mais tournées à 180 degrés. Nous trouvions cela très pratique, nous prenions nos repas et discutions ainsi ensemble.
Evidemment, vu avec du recul, cela peut paraître bizarre.

Andrian Nikolaïev
Union soviétique

93 L'île de Gran Canaria aux Canaries

После третьей основной экспедиции станцию «Салют» законсервировали и пять месяцев с ней поддерживали только контрольную радиосвязь. И вдруг связь оборвалась. «Салют» молчал.

Мы с Джанибековым отправились в космос искать взбунтовавшийся «Салют-7» Двое суток мы, меняя орбиты, высматривали его с корабля. И вот из-за горизонта в лучах Солнца сверкнула наша рукотворная звезда.

Вплываем в «Салют», включаем свет – он, конечно, не зажигается. Полная тьма, могильный холод и зловещая, гнетущая, поистине космическая тишина.

Виктор Савиных
СССР

Après sa troisième mission importante, *Salyout* 7 fut mise en sommeil et maintenue en fonction pendant cinq mois par simple contrôle radio. Puis les communications cessèrent et le silence s'installa.

Djannibekov et moi fûmes donc envoyés dans l'espace pour retrouver *Salyout* 7 qui s'était en quelque sorte « mise en grève ». Après avoir changé d'orbite, nous avons cherché la station, à partir du vaisseau, pendant deux jours, et finalement cette étoile créée par l'homme apparut au-dessus de l'horizon et elle étincela dans les rayons du Soleil.

Nous flottâmes jusqu'à la station pour mettre en marche les lumières, qui naturellement ne s'allumèrent pas. L'obscurité était absolue, froide comme la mort, et le silence oppressant, de mauvais augure, véritablement cosmique.

Victor Savinykh
Union soviétique

Nous avons quitté le vaisseau et avons pénétré dans l'espace. Nous précipitant, très haut au-dessus de la Terre, vers *Salyout* 7, immense et silencieuse, nous l'observâmes avec attention.

Les panneaux solaires étaient bizarrement orientés et des cellules photoélectriques étaient détachées par plaques. On aurait dit des voiles tordues par la tempête. La coque verte jadis brillante portait des traces de brûlures et elle était maintenant couverte de taches de rouille grisâtres. Les hublots étaient tous occultés par les volets internes. On n'apercevait cependant aucun dommage sérieux sur la coque de l'engin.

« Eh bien, que t'est-il donc arrivé, vagabond de l'espace ? », lui demandâmes-nous. Mais aucune réponse ne nous parvint.

Vladimir Djannibekov
Union soviétique

Мы вышли из корабля в открытый космос и неслись над Землей вместе с замолкнувшей громадой «Салюта-7», внимательно ее изучая.

Развернутые странным образом, с отслоившимися кое-где фотоэлементами, солнечные панели напоминали потрепанные штормом паруса. Некогда ярко-зеленая обшивка выгорела и покрылась серовато-ржавыми пятнами. Все иллюминаторы изнутри закрыты шторками. Повреждений на корпусе не обнаружено. Что же с тобой случилось, космический странник? Ответа не последовало.

Владимир Джанибеков
СССР

Станция, попавшая без людей в беду, встретила нас ледяным молчанием. В абсолютной тишине мы с Виктором Савиных обследовали отсеки. Луч ручного фонарика выхватывал различное снаряжение, аккуратно размещенное по бортам. Интерьер был в идеальном состоянии. На крошечном столе – традиционные хлеб-соль, оставленные Леонидом Кизимом, Володей Соловьевым и Олегом Атьковым, и письмо с просьбой беречь этот дом и пожеланиями удачи.

Владимир Джанибеков
СССР

Sans personne à bord, la station spatiale avait subi quelques ennuis et elle nous accueillait maintenant dans un silence glacé. Dans ce silence absolu, Victor Savinykh et moi-même inspectâmes les compartiments. Le faisceau de notre lampe épinglait tour à tour les différentes composantes de l'équipement, bien rangées à leur place le long des flancs. L'intérieur était dans un état parfait. Le traditionnel cadeau de bienvenue — le pain et le sel, à la russe — avait été déposé sur la petite table par Leonid Kizim, Volodya Soloviev et Oleg Atkov, en même temps qu'une lettre qui demandait aux futurs visiteurs qui les suivraient de bien prendre soin de la maison et qui leur souhaitait bonne chance.

Vladimir Djannibekov
Union soviétique

Семь долгих дней мы пытались то на дневной стороне орбиты, то с ручными фонариками найти причину отказа, зажечь хоть одну лампочку.

И все-таки, проверив бортовые системы, мы нашли виновников аварии – аккумуляторы. Развернули солнечные батареи станции на Солнце, раскрутили толстенный жгут проводов и напрямую, минуя автоматику, соединили батареи с аккумуляторами. И, наконец, – да будет свет! Так что, если уж говорить, что важнее, то автомат – это, конечно, замечательно. Но последнее слово все-таки всегда остается за человеком.

Виктор Савиных
СССР

Pendant sept longues journées, travaillant aussi bien durant la période jour de notre orbite qu'à la lumière artificielle, nous tentâmes de découvrir ce qui avait causé la panne des panneaux solaires. Nous voulions obtenir assez de lumière pour au moins une lampe. Finalement, nous découvrîmes les coupables en contrôlant les accumulateurs. Deux d'entre eux étaient hors service. Après avoir dénudé le câblage finement tressé, nous avons branché directement les panneaux solaires, de façon qu'ils fassent toujours face au Soleil. Les batteries se rechargèrent et nous eûmes bientôt de la lumière.

L'automatisation est peut-être une chose merveilleuse, mais c'est finalement l'homme qui a le dernier mot.

Victor Savinykh
Union soviétique

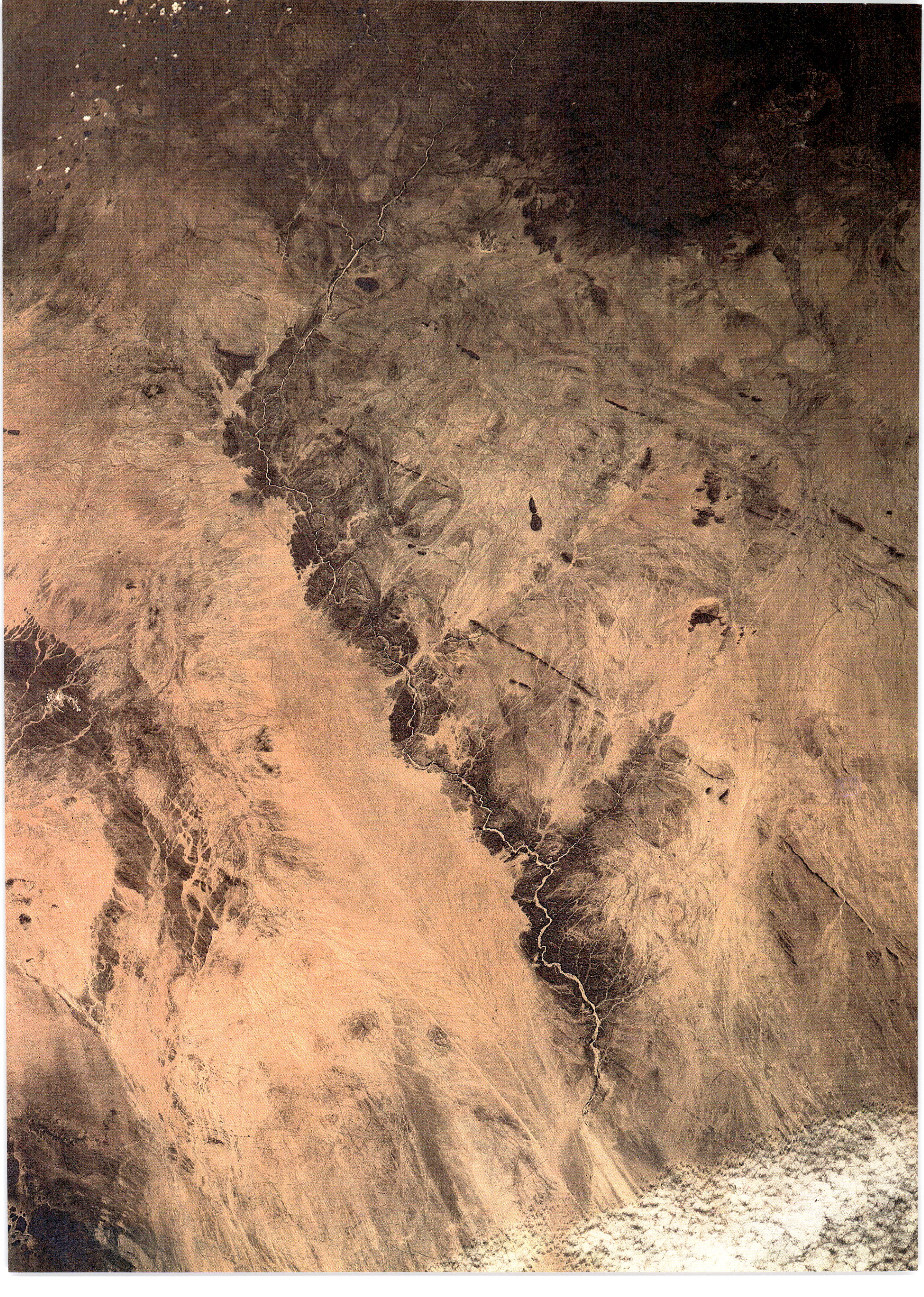

Page précédente :
94 Intrusions géologiques sur la côte des Squelettes en Namibie

95 La côte brésilienne dans l'État de Parana

« A chaque jour sa découverte » : tel fut notre leit-motiv tout au long de notre mission. Quand nous n'avions fait aucune découverte au cours de nos expériences scientifiques, il nous restait encore à nous rabattre sur l'énigme du déjeuner.

Vladimir Kovalyonok
Union soviétique

«Ни дня без открытия» таков был наш девиз в полете. Если это не получалось в экспериментах, мы открывали на ужин консервные банки.

Владимир Коваленок
СССР

В первом полете с Валерием Рюминым я потерял часы. По предыдущему опыту я знал, что искать надо на решетке пылесборника. Открыл малые панели – ничего нет. А за ними – большие панели, завинченные шурупами. Подплыл с отверткой к той, где прикреплен мой спальный мешок. Отвязываю мешок, чтобы освободить панель, и вижу записку: «Чудак! Положи отвертку. Здесь никогда ничего не бывает. В. Коваленок».

Владимир Ляхов
СССР

Durant mon vol en compagnie de Valery Ryoumine, je perdis ma montre. L'expérience passée nous avait appris que, quand un objet était perdu, il fallait en premier lieu le chercher près de la grille du ventilateur. J'ouvris les panneaux : il n'y avait rien.

Je me laissai flotter, tournevis en main, jusqu'à la paroi où était fixé mon sac de couchage. Je le déliai de façon à libérer la cloison et trouvai ce message : « Dépose ton tournevis, idiot, cet endroit est absolument désert. Signé : V. Kovalyonok. »

Vladimir Lyakhov
Union soviétique

Сегодня мы встретили первый грузовой корабль без пилота – «Прогресс-5». Он состыковался с нашей «задней дверью» и выгрузил массу вещей, в том числе аппарат, который одновременно производит кислород и всасывает углекислоту. Вместе с едой, водой, письмами и сувенирами, кто-то тайком положил книгу о подмосковней деревне, где я вырос. Нетерпеливо я перелистывал ее, в поисках фотографий ручьев, рек и озер. Она мне напомнила рыбную ловлю в детстве, вечера у костра, восходы и закаты, родной дом. Я был очень благодарен неизвестному другу, который тайком ее положил, чтобы скрасить наше пребывание здесь.

Валерий Рюмин
СССР

Nous avons accueilli aujourd'hui notre premier véhicule de livraison, un appareil sans pilote, *Progress 5*. Il s'est amarré à la « porte arrière » et nous a apporté des tonnes de choses, parmi lesquelles une machine qui produit de l'oxygène et élimine l'oxyde de carbone. Au milieu de la nourriture, de l'eau, des lettres et des souvenirs, quelqu'un avait glissé un livre consacré à la campagne aux alentours de Moscou, là où j'ai grandi. Je l'ai feuilleté avidement, parcourant des images de torrents, de rivières et de lacs. Cela m'a rappelé mes sorties de pêche, quand j'étais enfant, et les nuits passées près du feu, les levers et les couchers de soleil, mon chez moi.

Valery Ryoumine
Union soviétique

96 Les bouches du Gange au Bangladesh

97 Le golfe de Suez

On a trouvé des abricots secs, et cela nous a un peu rapprochés de la vie de tous les jours. Mais il y a quand même quelque chose qui fait que cette expérience est différente de ce qui se passe d'habitude sur Terre. On se souvient de tout ce qui est « terrestre » comme si c'était très loin dans le passé. On n'y est plus et on ne sait quand on s'y retrouvera.

Alexander Alexandrov
Union soviétique

Мы нашли курагу, почувствовали себя ближе к земной жизни, но чем-то эта жизнь отличается от земной. Все земное вспоминается, как будто все это было давно и нас там уже нет, и неизвестно, когда вернемся.

Александр Александров
СССР

Продемонстрировать телезрителям, что репортаж идет из космоса, в абсолютной невесомости, помогал мне игрушечный мишка, которого я одолжил на время полета у дочки Кати и привязал за ухо резинкой. Он так забавно плавал и кувыркался.

Валерий Кубасов
СССР

Dans le but de montrer aux téléspectateurs que l'émission venait bien de l'espace et que nous étions en totale apesanteur, j'avais emprunté son ours en peluche à ma fille Katia pour toute la durée de la mission. Je lui attachai un élastique à l'oreille et il se mit à nager et à effectuer de formidables sauts périlleux.

Valery Koubazov
Union soviétique

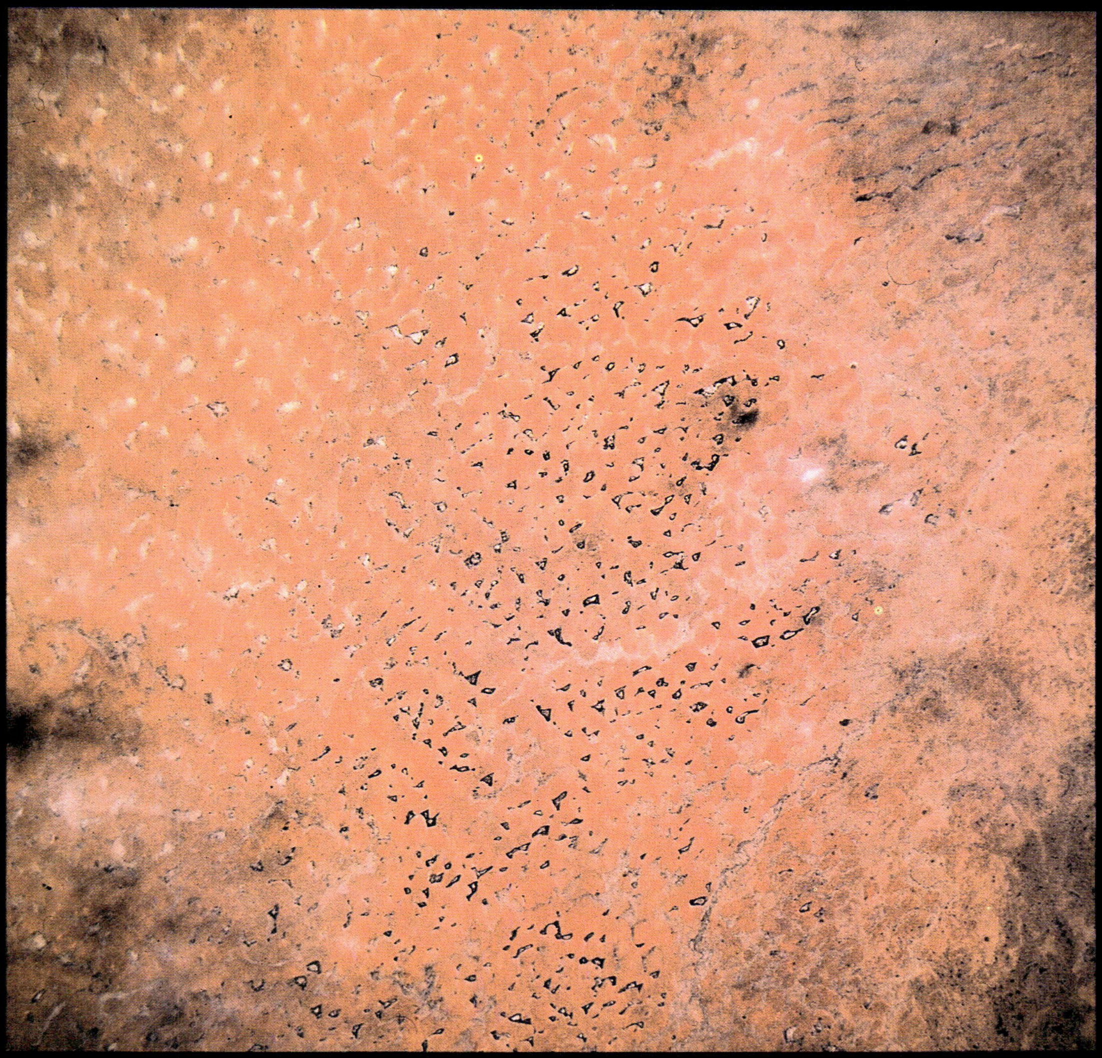

98 Le Sahara au Niger

У нас были различные магнитофонные записи: концерты, легкая музыка. Но к концу полета мы больше стали сдушать русские народные песни. Имелись у нас и записи природных звуков: грохот грома, шум дождя, пение птиц. Мы включали их чаще всего и никогда не уставали от этих записей. Они как будто возвращали нас на землю.

Анатолий Березовой
СССР

Nous possédions de nombreux enregistrements : des concerts, des variétés. A la fin du voyage, nous écoutions surtout des chansons populaires russes. Il y avait aussi des enregistrements de bruits naturels : tonnerre, pluie, chants d'oiseaux. Ceux-là aussi nous nous les passions fréquemment sans jamais nous en fatiguer, comme s'ils nous ramenaient quelque peu sur Terre.

Anatoli Berezovoy
Union soviétique

99 Le désert du Namib en Namibie

Le matin, j'effectuais mes exercices de gymnastique : un peu de bicyclette depuis l'Amérique du Sud jusqu'à Vladivostok en traversant l'Himalaya. Le soir, j'utilisais la machine à marcher qui m'emmenait de Los Angeles à Lisbonne, et c'est à peine si je remarquais la tempête qui sévissait sur l'Atlantique.

Vitaly Sebastianov
Union soviétique

Утром я сделал зарядку – проехал на велоэргометре от Южной Америки до Владивостока, благополучно преодолев Гималаи. Вечером прошел пешком с перебежками от Лос-Анджелеса до Лиссабона и даже не заметил шторма на Атлантическом океане.

Виталий Севастьянов
СССР

100 Tempête tropicale sur l'Océan Indien

101 La tempête tropicale *Blanca* à l'ouest du Mexique

«Как погода?» хочет узнать Лебедев.
«Не балует», отвечает оператор. «Моросит дождь. И холодно».
«А у нас тепло и сухо», смеется Валентин.
«Сегодня у вас тоже будет сыро», отвечает оператор, «сегодня банный день.»

Анатолий Березовой
СССР

— Quel temps fait-il ?, voulut savoir Lebedev.
— Il bruine et il fait froid, dit l'opérateur, mais cela nous ne nous gêne pas trop.
— Nous, on est au chaud et au sec, remarqua Valentin en riant.
— Pourtant aujourd'hui vous allez devoir vous mouiller, répondit à nouveau l'opérateur, parce que c'est le jour du bain !

Anatoli Berezovoy
Union soviétique

В течение всего дня я должен был наблюдать за приборами. Очень трудно было выкроить время, чтобы оторваться от них и посмотреть вниз, на Землю. Но когда я все же улучил момент и взглянул туда, я был поражен красотой увиденного многоцветного мерцающего мира.

Олег Макаров
СССР

Je dus surveiller les instruments toute la journée. Ce qu'il y eut de plus difficile, ce fut de trouver un moment pour me reposer et jeter un coup d'œil à la Terre. Aussi, quand enfin j'eus l'occasion de le faire un court instant, éprouvai-je un réel étonnement à la vue de ce monde plein de couleurs chatoyantes.

Oleg Makarov
Union soviétique

102 Les monts Zagros et l'île de Qishm en Iran

На станции «Салют-3» был пылесос под названием «Ракета». Когда мы забывали его выключить, он совершал стремительные полеты. Я решил, что это неплохое средство передвижения. Удобно устроившись верхом на пылесосе, я начал кататься по станции, а Попович, оправившись от изумления, схватил фотокамеру, чтобы сохранить для потомков новый рывок технического прогресса.

Юрий Артюхин
СССР

La station *Salyout* disposait d'un aspirateur que nous appelions *La fusée*. Chaque fois que nous oubliions de le déconnecter, il tentait de s'échapper. C'est pourquoi je décidai de le convertir en un excellent moyen de locomotion. Comfortablement installé sur l'aspirateur, je me baladai dans toute la station. Dès qu'il fut revenu de son étonnement, Popovitch enclencha la caméra dans le but de filmer pour les générations futures cette étonnante découverte de la technologie.

Youri Artyoukhine
Union soviétique

Как-то на иллюминаторе я увидел кристаллики льда. Эти кристаллы были совсем иные. Они были асимметричны. И вообще похожи на инвалидов из чудесного мира земных кристаллов. Я вспомнил нашу русскую зиму, натертые снегом щеки, пьянящий воздух – это не здешняя смесь газов.

Виталий Севастьянов
СССР

J'aperçus des cristaux de glace sur la vitre du hublot. Ils étaient bizarres, asymétriques : on aurait cru des invalides rescapés du monde merveilleux des cristaux que l'on voit sur Terre. Je me souvins de nos hivers russes, des joues mordues par la neige et cet air que l'on pouvait vraiment inhaler — pas ce mélange gazeux que l'on respire à l'intérieur d'un vaisseau spatial.

Vitaly Sebastianov
Union soviétique

104 Glaces dans la baie d'Hudson au Canada

Лебедев никогда не выращивал растения, но на станции он бежал каждое утро в наш «оазис», не успев еще открыть глаза. Он там выращивал горох и овес.

Анатолий Березовой
СССР

Lebedev n'avait jamais cultivé de plantes auparavant, mais à bord de la station il avait coutume de se précipiter tous les matins, presque avant d'ouvrir les yeux, vers notre « oasis ». Il y faisait pousser des pois et de l'avoine.

Anatoli Berezovoy
Union soviétique

105 Terres sédimentaires côtières dans la baie du Bengale en Birmanie

106 Le plateau du Djado au Niger

Первые отростки появились в нашем огороде. Мы посадили бурак, редиску и огурцы. Горох растет прямо из земли, с толстым стебелем и свертыми листьями. Пшеница просто растет верх, как зеленый луч света. Я люблю ладонями притрагиваться к отросткам. Они щекочут.

Валентин Лебедев
СССР

Les premiers plants ont poussé dans notre jardin. Nous avions planté de la betterave, du radis et du concombre. Le pois sort du sol avec une tige épaisse et des feuilles étroitement enroulées. Le blé, lui, surgit du sol comme un rai de lumière verte. J'aime passer ma main sur les pousses. Cela chatouille.

Valentin Lebedev
Union Soviétique

107 La Gascoyne River et les plaines de Macadam en Australie occidentale

Невозможно представить, сколько удовольствия доставлял нам наш маленький огород – зеленый оазис земной жизни. Мы даже говорили: «Ну, пойдем, погуляем в рощу!»

Человеческому глазу, привыкшему к зеленому убору Земли, живые растения дарят спокойствие. Даже спится лучше рядом с этими тоненькими стебельками.

Георгий Гречко
СССР

Il est impossible d'imaginer le plaisir que nous procura cette verte oasis de vie terrestre. Nous aimions à dire : « Tu viens ! Allons nous promener dans les bois ! »

A nos yeux d'hommes habitués à la verdure terrestre, ces plantes offraient une réelle paix. Rien que pouvoir dormir à proximité de ces tiges nous apaisait.

Georgi Gretchko
Union soviétique

108 Le lac Winnipeg au Canada

На орбитальную станцию мы привезли с Земли рыбок для исследований. И вот, прожив недели две, рыбки стали погибать. Как же нам было жаль их! Что мы только не делали, чтобы их спасти! А ведь на Земле нам огромное удовольствие доставляли и рыбная ловля, и охота.

Когда побудешь в одиночестве, в отрыве от всего земного, особенно остро воспринимаешь любое проявление жизни.

Виталий Жолобов
СССР

Nous avions emporté dans la station quelques petits poissons qui devaient servir à des expériences. Au bout de deux semaines, ils commencèrent à mourir. Nous en étions malheureux pour eux. Que n'avons-nous pas tenté pour les sauver, alors que sur Terre nous prenons tant de plaisir à la chasse et à la pêche. Quand on est seul et loin de toute trace terrestre, n'importe quelle forme de vie est alors particulièrement bienvenue.

Vitali Zholobov
Union soviétique

109 Couverture neigeuse sur le Canyon de la Désolation en Utah

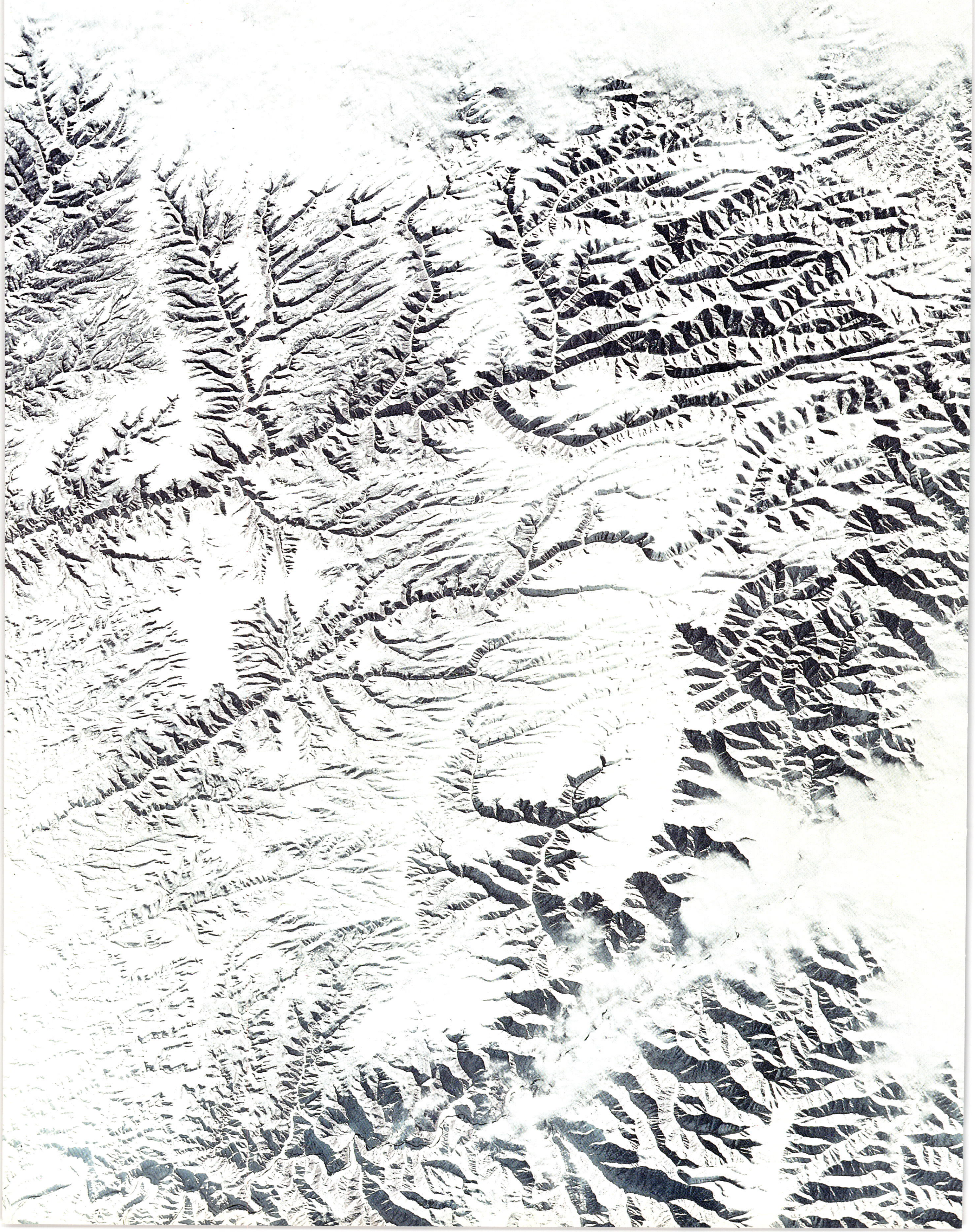

С орбиты мы видели все времена года; старт был весной, а все лето и осень, вплоть до начала зимы, мы летали. Сначала белизна снегов уступила место зелени лета, а затем покрылись золотом поля и леса, и снова все стало белым; только граница снегов перемещалась теперь в противоположном направлении.

Анатолий Березовой
СССР

Depuis notre orbite, nous observions les saisons. Le lancement avait eu lieu au printemps; nous avions passé en vol tout l'été, l'automne et le commencement de l'hiver. La blancheur du début laissa bientôt place aux verts de l'été, puis les champs et les forêts se couvrirent d'ors, avant que la blancheur revienne. A cette différence que maintenant le processus se déroulait en sens inverse.

Anatoli Berezovoy
Union soviétique

Проснувшись как-то утром, я решил выглянуть из окна, чтобы посмотреть где летим. Мы летели над Америкой, и вдруг я увидел снег, первый снег, который мы когда либо видели из космоса. Легкий и как порох, он смешивался с очертаниями земли, с прожилками рек. И я подумал: осень, снег, люди все заняты подготовкой к зиме. Некоторое время спустя, мы летели над Атлантическом океане, потом над Европой, и потом над Россией. Я никогда не был в Америке, но думаю, что приход осени и зимы такой же, как и в других местах, и процесс подготовки к ним тоже такой же. И мне пришло в голову что все мы дети нашей Земли. Неважно на какую страну смотреть. Мы все дети Земли и должны к ней относиться как к Матери.

Александр Александров
СССР

Un beau matin, je me suis éveillé et j'ai décidé de regarder par la fenêtre pour voir où on était. Nous survolions l'Amérique et soudain j'ai vu de la neige. C'était la première fois depuis qu'on était en orbite. Légère et poudreuse, elle se mariait aux contours du paysage et aux veines des rivières. Je pensais… neige et automne… les gens se préparent déjà pour l'hiver. Quelques minutes plus tard, nous survolions l'Atlantique, puis l'Europe, et enfin la Russie. Je n'ai jamais visité l'Amérique, mais je pense bien que l'arrivée de l'automne et de l'hiver s'y produit comme partout ailleurs, et que les gens s'y préparent de la même façon. Et cette constatation me frappa : nous sommes bien tous les enfants de notre Terre ! Quel que soit le pays vers lequel on regarde. Nous sommes tous les enfants de la même Terre, et nous devons la traiter comme on traite une mère.

Alexander Alexandrov
Union soviétique

110 Le lac Powell en Arizona et en Utah

Запахи леса и травы, теплый летний дождь и пушистый снег на поляне, близких и друзей после нескольких недель космического полета представить отчетливо уже не можешь и встречаешься с ними лишь во сне.

Петр Климук
СССР

Après quelques semaines seulement il nous était difficile déjà de nous rappeler l'odeur de l'herbe ou des arbres, une chaude pluie d'été, la neige poudreuse dans une clairière, les visages de nos amis et de ceux que nous aimons, qui n'apparaissent désormais plus que dans nos rêves.

Piotr Klimouk
Union soviétique

Летаешь по орбите, а снится обычно земное.

Владимир Ляхов
СССР

Pendant que nous voguions là-haut en orbite, nos rêves n'avaient généralement plus qu'un seul objet : la Terre.

Vladimir Lyakhov
Union soviétique

Au-dessus de mon sac de couchage, juste à côté des photographies de ma femme Gayla et de mon fils Lenya, j'ai accroché celle, longuement attendue, de ma fille Tanya. Mes camarades m'ont procuré une grande joie quand ils m'ont fait parvenir cette photographie. Cette enfant est née tandis que son père était dans l'espace; et celui-ci a encore cinq mois à attendre avant de pouvoir l'embrasser. J'ai dû cesser de compter les jours, sinon je n'aurais plus pu le supporter. « Grandis, ma petite Tanya », me suis-je dit, « ton père est avec toi en pensée ».

Leonid Kizim
Union soviétique

Над моим спальным мешком, рядом с фотографиями Гали и сына Лени прикрепил столь долгожданную фотографию крохотной Танюшки. Какая радость, что ребята прислали. Дочка родилась, а папа в космосе, и расцелует ее только через пять месяцев. Надо заставить себя не считать дни, а то с тоской не справишься. Расти, Танюшка! Твой папа мысленно всегда с тобой.

Леонид Кизим
СССР

111 Masses nuageuses au-dessus de l'Atlantique

112 La péninsule du Kamtchatka en Sibérie

Para ver si es posible obtener materiales ultrapuros en el espacio, donde no hay fuerza de gravedad, realizamos un experimento poniendo cuatro cristales de azúcar en un cristalizador que sumergí en una disolución de sacarosa. La cosa resultó bastante difícil. En la casa uno revuelve con una cucharadita y ya tiene el té dulce. Pero aquí hay que sacudir la cubeta hasta sudar la gota gorda. Así que la "vida dulce" en el cosmos no se consigue tan fácilmente.

Arnaldo Tamayo Méndez
Cuba

Pour voir s'il était possible de fabriquer des matériaux parfaitement purs dans l'espace, là où il n'y a pas de pesanteur, nous avons effectué une expérience en déposant quatre cristaux de sucre dans un cristalliseur que j'immergeai dans une solution de saccharose. L'opération se révéla plutôt compliquée. Chez soi, on tourne simplement avec une petite cuiller et on obtient du thé sucré, mais là il me fallut secouer le flacon jusqu'à en devenir tout bleu. Eh oui, il n'est pas facile de se la couler douce dans le cosmos.

Arnoldo Tamayo Mendez
Cuba

Dès que j'avais un moment libre, j'écrivais des lettres à ma femme, à ma fille, à des parents et des amis. Il m'était plus facile ainsi de supporter d'être séparé de la Terre.

Anatoli Berezovoy
Union soviétique

Когда находилась свободная минута, я писал письма жене, дочке, родственникам, друзьям. Так было легче переносить разлуку с Землей.

Анатолий Березовой
СССР

Разговариваешь с женой и можешь угадать по интонации и паузами между словами то, что она хочет сказать, но не произносит.

Валентин Лебедев
СССР

Je parlais à ma femme et je pouvais deviner d'après ses intonations et ses silences entre les mots bien plus que ce qu'elle disait réellement.

Valentin Lebedev
Union soviétique

113 Les îles Hawaii

В разгар праздничного, в честь нашего прибытия, обеда, я достал сюрприз для хозяев станции – две маленькие связки укропа. Во время предполетного завтрака я, тайком от медиков, завернул их в салфетку и спрятал в карман. Хоть я и понимал, какую драгоценность везу для Валерия и Леонида, не видевших зелени более двух месяцев, такого восторга все же не ожидал.

«Укроп! Чудо какое! Но почему так мало?!»

Валерий Кубасов
СССР

Au milieu du repas qui se tenait en l'honneur de notre arrivée, je sortis la surprise que je réservais à nos hôtes : deux petites branches de fenouil frais que, au cours du déjeuner qui avait précédé le départ, j'avais emballées dans une serviette et que j'avais empochées à l'insu des médecins. Je savais bien quel trésor j'apportais là à Leonid et à Valery, qui n'avaient plus vu de verdure depuis plus de deux mois, mais je ne m'étais pas attendu à un tel enthousiasme.

« Du fenouil ! Un miracle ! Mais pourquoi tu en as apporté de si petits ? »

Valery Koubazov
Union soviétique

Однажды в полете меня спросили с Земли, что я вижу. «Да что вижу?» ответил я, «Полмира справа, полмира слева, весь мир как на ладони! Земля! Ох, мала!»

Виталий Севастьянов
СССР

Le contrôle au sol me demanda, au cours de la mission, ce que je pouvais voir. « Ce que je vois ? », répondis-je, « la moitié d'un monde sur ma gauche et l'autre moitié sur ma droite. Je vois tout. La Terre est si petite. »

Vitaly Sebastianov
Union soviétique

115 Le golfe Persique

116 Les îles Marshall dans l'Océan Pacifique

Сегодня у нас была телевизионная сессия. Мы поздравляли Толину дочку Таню с ее восьмым днем рождения. Мы сделали торт из хлеба. Вместо свечек, мы использовали ручки, и вместо пламени – серебрянную бумагу. И у нас еще были электрические свечки – четыри фонаря, которые выглядили, как будто их было восемь когда мы поставили за ними зеркало. Мы развесили цветные воздушные шарики, ездили верхом на пылесосе и на воздушном шарике. В общем, развлекали эту маленькую девочку по телевизору.

Валентин Лебедев
СССР

Aujourd'hui, nous avons donné une séance de télévision. Nous avons souhaité un joyeux huitième anniversaire à Tanya, la fille d'Anatoli. Nous avons fait un gâteau avec du pain. Pour remplacer les bougies, nous nous sommes servis de crayons, et pour les flammes, nous avons pris du papier métallisé — il y avait quatre flammes qui en parurent huit grâce à un miroir que nous plaçâmes derrière. Nous avons suspendu des ballons de couleur et avons improvisé un ballet, à cheval sur l'aspirateur et sur les ballons. Avec tout cela, nous avons amusé une petite fille par le truchement de la télévision.

Valentin Lebedev
Union soviétique

На полу слева от бегущей дорожки – иллюминатор. Я люблю бегать и смотреть на Землю. Неважно, чья она – главное, что она есть.

Олег Атьков
СССР

Il y a un hublot à gauche du trottoir roulant d'exercice, à hauteur du sol. J'aime y courir en regardant vers la Terre. Peu m'importe de savoir à qui elle appartient, je veux juste savoir qu'elle est là.

Oleg Atkov
Union soviétique

117 Un ancien cratère de météore au Québec

Ночь. Прошли Атлантику. Вышли на Европу. Внизу множество серебряных огоньков. Они образуют дивный сверкающий ковер. Наконец, на фоне этого ковра появляется мерцающая звезда с лучами шоссе. Москва.

Александр Лавейкин
СССР

Il faisait nuit et nous venions de traverser l'Atlantique. Nous arrivâmes sur l'Europe. Au-dessous de nous, une multitude de points lumineux qui formaient comme un magnifique tapis scintillant. Et enfin se détacha, sur l'arrière-plan de ce tapis, une étoile chatoyante d'où s'étiraient les bras lumineux des grand-routes : je voyais Moscou.

Alexander Laveykine
Union soviétique

Близилась к концу наша экспедиция, до возвращения на Землю оставались считанные часы, и тут вдруг пришла мысль: «Неужели больше никогда не будет всего этого – пьянящего чувства невесомости, плывущей за иллюминатором Земли, похожей на большой, расцвеченный солнечными красками школьный глобус, фантастических фиолетовых всполохов гроз и светящейся паутины больших городов с их окрестностями на фоне иссиня-черной ночной планеты? «Хотелось запомнить, отложить в самый надежный уголок памяти все, что возможно увидеть, почувствовать лишь в космосе, чтобы пронести это с собой на всю оставшуюся жизнь.

Светлана Савицкая
СССР

Notre mission arrivait à sa fin et il ne me restait plus que quelques heures avant de rentrer sur Terre. Je pensais soudain : « Se pourrait-il que ne n'aie plus jamais l'occasion de retrouver ceci, cette sensation d'ivresse de l'apesanteur et la vue de la Terre en train de flotter de l'autre côté du hublot ? Ne reverrai-je jamais la Terre sous cet aspect de mappemonde géante, éclairée par le Soleil, avec ses teintes variées, comme à l'école, ni ces fantastiques éclairs violets, ni la toile d'araignée des grandes villes et de leurs faubourgs scintillant dans la nuit bleue et noire de la planète ? »

Je voulais me souvenir, accumuler dans la partie la plus fiable de ma mémoire tout ce que je ne verrais ou ressentirais jamais que dans l'espace, pour bien l'emporter avec moi pour le reste de ma vie.

Svetlana Savitskaya
Union soviétique

Грустные минуты расставания. Символически, по русскому обычаю, все присели, зацепившись ногами за кресла. На секунду в круглой рамке переходного люка застыли вместе двое старожилов и трое отъезжающих. Потом я, Саша Лавейкин и Мухаммед Фарис один за другим медленно выплыли со станции. Юрий Романенко защелкнул люк «Мира» и неожиданно крикнул: «Сейчас ведь обратно попроситесь, а мы вас не пустим!» Но веселее от шутки нам не стало.

Александр Викторенко
СССР

Le moment de la séparation est toujours triste. Symboliquement, comme il est de tradition chez nous Russes, nous nous assîmes tous quelques instants, les pieds accrochés sous nos sièges. Nous marquâmes un arrêt dans l'encadrement arrondi du sas de transfert, les deux qui restaient et les trois qui s'en allaient. Sacha Laveykine, Mohammed Faris et moi nous glissâmes hors de la station spatiale l'un après l'autre. Youri Romanenko fit claquer le verrouillage du *Mir* et nous cria, de façon inattendue : « Maintenant, si vous voulez revenir, nous ne vous laisserons plus entrer ». La plaisanterie ne nous amusa pas vraiment.

Alexander Viktorenko
Union soviétique

119 La côte de la Nouvelle-Guinée

Прошел год и мне стало казаться, что эти 4200 часов 35 минут и 36 секунд были совместно прожиты в космосе какими-то двумя другими людьми.

Валерий Рюмин
СССР

121 Le golfe d'Aden et l'Océan Indien

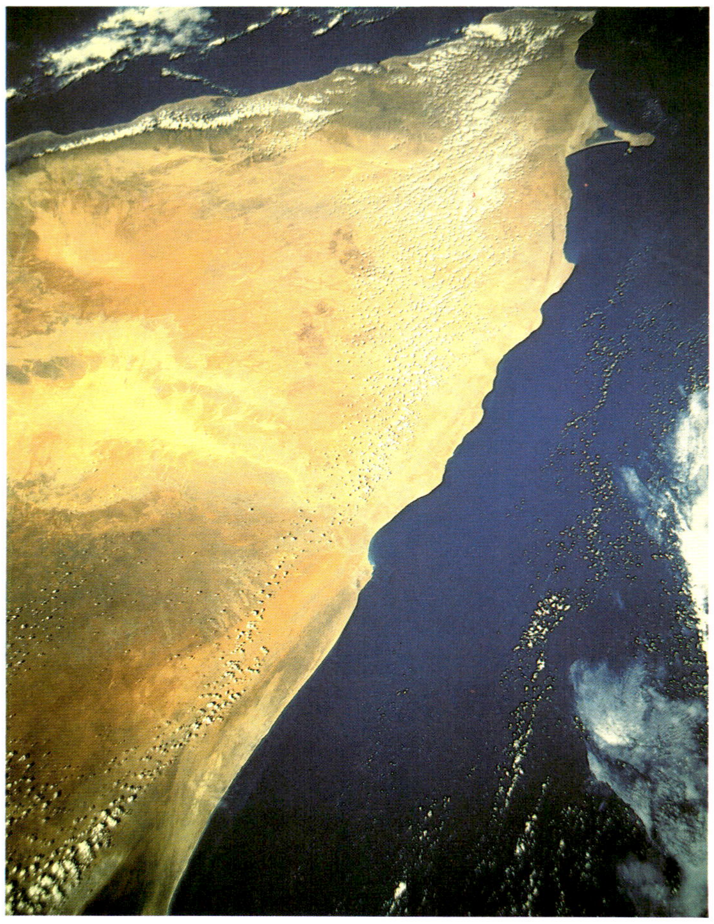

Une année a passé et il me semble que les 4 200 heures, 35 minutes et 36 secondes vécues dans l'espace le furent par deux hommes entièrement différents.

Valery Ryoumine
Union soviétique

120 La corne de l'Afrique

122 Le désert de l'Ogaden

Nous avons pénétré dans l'atmosphère. La pesanteur augmente et nous écrase sur nos sièges. Des filaments de plasma orange ont fait leur apparition sur les hublots. Nous volons dans une sphère en feu.

Anatoli Berezovoy
Union soviétique

Мы вошли в атмосферу. Растет перегрузка и вдавливает в кресло. На стеклах иллюминаторов появились оранжевые нити плазмы. Летим в огненном шаре.

Анатолий Березовой
СССР

As we encounter the thin upper reaches of the atmosphere, the orbiter begins a gradual transition from ballistic orbital object to aerodynamic flying machine. The first clue comes as the wings bite into the air producing an acceleration that causes you to sink into the seat cushion. You hear wind noise around the windshield which slowly increases; then you feel an occasional tremor from turbulence. Gradually the impulses from the control jets become unnoticeable and the familiar feeling of aerodynamic flight is complete.

Gordon Fullerton
USA

Au fur et à mesure que nous traversons les fines strates supérieures de l'atmosphère, l'engin orbital se change progressivement en une machine volante aérodynamique, de simple objet balistique qu'il était. Le premier signe, c'est quand l'aile s'accroche dans l'air et produit une accélération qui vous fait sombrer au fond de votre siège. Vous entendez le vent siffler de plus en plus fort autour du pare-brise, vous sentez parfois un occasionnel tremblement provoqué par la turbulence. Puis peu à peu la poussée des réacteurs se fait insensible et la sensation familière du vol aérodynamique s'installe.

Gordon Fullerton
Etats-Unis

123 Les Montagnes Rocheuses en Colombie britannique

При движении космического корабля в плотных слоях атмосферы чувствуешь себя так же, как при быстрой езде на телеге по булыжной мостовой.

Лев Дёмин
СССР

Quand le vaisseau spatial traverse les couches plus denses de l'atmosphère, c'est comme si on était dans une charrette dégringolant à toute allure sur des pavés.

Lev Demine
Union soviétique

Мы спускались, а перегрузки действовали на нас все сильнее. Включился двигатель мягкой посадки, аппарат ударился о землю и упал набок. Люк открылся, мы увидели небо и заглядывающие в иллюминатор человеческие лица. Я утратил координацию. Мое тело, руки и ноги словно налились свинцом. Милая Земля, как тяжела ты на моих плечах!

Валерий Рюмин
СССР

Plus nous descendions, plus la pression s'exerçait sur nos organismes. Le moteur destiné à l'atterrissage en douceur s'alluma, nous touchâmes le sol. L'écoutille s'ouvrit, nous vîmes le ciel et nos visages humains risquèrent un coup d'œil. Je n'avais plus aucune coordination. Mon corps, mes bras et mes jambes pesaient infiniment. Ma chère Terre, que tu es lourde, assise là sur mes épaules !

Valery Ryoumine
Union soviétique

124 Le Grand Canyon

125 Le désert du Kalahari au Botswana

De ruimte is zo vlakbij: binnen de acht minuten waren we er en in twintig minuten waren we weer terug.

Wubbo Ockels
Vrij Nederland

L'espace est vraiment proche : nous y sommes arrivés en huit minutes et en vingt minutes nous en étions revenus.

Wubbo Ockels
Pays-Bas

126 Plage côtière et lagunes au Brésil

Странное чувство полного, какого-то торжественного покоя вдруг охватило меня, когда спускаемый аппарат качнулся и застыл. Была непогода. Я вдохнул запах земли – несказанно сладкий и хмельной. И ветер. Какое же это наслаждение – ветер после долгих дней в космосе.

Андриян Николаев
СССР

Je fus soudain envahi par un étrange sentiment de plénitude, presque solennel, lorsque le module de descente atterrit, vacilla et se stabilisa. Il faisait un temps infect, mais je sentis l'odeur de la Terre, indiciblement douce et pénétrante. Et le vent. Quel délice absolu ! Du vent après tant de longs jours passés dans l'espace.

Andrian Nikolaïev
Union soviétique

127 Les monts Saint-Elias et le golfe d'Alaska

И вот я снова стою на Земле. Меня слегка покачивает. Вокруг, насколько хватает глаз, простирается серая, осенняя степь. Ни куста, ни деревца, только вертолет поисково-спасательной службы, словно уставшая большая птица, присел в сторонке. Но как я был рад этой, уже слегка припорошенной первым снежком, земле. Мне захотелось упасть на нее, обнять, прижаться к ней щекой!

Георгий Шонин
СССР

Je suis à nouveau sur Terre. J'ai quelque peu titubé. Tout autour de moi s'étend à perte de vue une steppe automnale grise. Pas un buisson, pas un arbre en vue, rien que l'hélicoptère du service de récupération et de secours posté à proximité comme un grand oiseau fatigué. Je suis si heureux de revoir le sol, légèrement couvert déjà d'une première neige duveteuse. Je voudrais me rouler dedans, l'embrasser, la presser contre mes joues.

Georgi Shonine
Union soviétique

128 Régions volcaniques du nord-ouest de l'Argentine

Quelques réflexions

129 La mer du Nord et les côtes d'Europe

When I came back after twelve days on the flight to the moon, I could appreciate little things like being able to sit in a chair and feel pressure against my backside, to be able to walk in a normal fashion, to be able to eat with a spoon, to be able to lie down in a bed and stay in that position, to be able to smell things, to appreciate the sense of the Earth, to really hear sounds. We had been in an environment where we took our sound with us, because space has no sound; it's a vacuum. That was certainly very true on the moon. The world of no sound, no smell, no sense.

James Irwin
USA

A mon retour, après les douze jours de la mission vers la Lune, j'étais enfin capable d'apprécier les choses les plus simples, comme par exemple m'asseoir dans un fauteuil et en sentir la pression le long de mon dos, marcher de façon normale, manger avec une cuiller, m'étendre dans un lit et rester dans cette position, respirer les odeurs, goûter les sensations qu'offre la Terre, en entendre les bruits. Nous avions vécu dans un environnement où nous avions apporté nos propres sons, parce que l'espace, lui, est silencieux, vide. C'était assurément vrai sur la Lune, qui est un monde privé de sons, d'odeurs, de sensations.

James Irwin
Etats-Unis

Les deux premières nuits après mon retour chez moi, je m'éveillai à moitié et tendis instinctivement le bras dans le noir pour tenter de toucher la structure du vaisseau spatial. Elle ne me parut pas conforme. Sortant progressivement de mon sommeil, je fus frappé par cette évidence : « Ce n'est pas du métal, c'est du bois ! » Je me rendis compte alors que ce n'était pas du tout une traverse métallique que je tenais en main, mais tout simplement un montant de mon lit.

Thomas Stafford
Etats-Unis

The first two nights at home I half woke up and reached back in the dark to feel for the structural struts of the spacecraft. They didn't feel right. As I gradually came out of deep sleep it would hit me: It's not metal – it's wood. And then I would realize that I wasn't holding a strut at all, but the head of the bed.

Thomas Stafford
USA

The peaks were the recognition that it is a harmonious, purposeful, creating universe. The valleys came in recognizing that humanity wasn't behaving in accordance with that knowledge.

Edgar Mitchell
USA

Les cimes étaient l'assurance que l'univers est harmonieux, prémédité et créateur. Les vallées accréditaient le fait que l'humanité n'agit pas en harmonie avec ce savoir.

Edgar Mitchell
Etats-Unis

131 La région andine du Chili et de l'Argentine

132 Le Nil, le désert de Nubie et le Soudan

133 Le lac Faguibine au Mali

В конце полета, когда что-то было не так, я прижимался лицом к иллюминатору моего затемневшего отсека и, глядя в него, испытывал какое-то странное чувство. Я смотрел на Землю, проплывающую подо мной и думал, насколько же это вечно. Не будет меня, моих детей и внуков, а наша Земля все так же будет неторопливо плыть в бесконечном космическом пространстве.

Владимир Соловьев
СССР

Le voyage approchait de sa fin. Je pouvais, si quelque chose allait mal, appuyer mon visage contre la fenêtre de mon obscure cabine, regarder à travers, faire l'expérience de quelque chose de totalement différent, poser mon regard sur la Terre glissant en dessous de moi et me dire : « Quelle éternité que tout cela ! » Quand je ne serai plus, ainsi que mes enfants, et mes petits-enfants, notre Terre sera toujours là, s'avançant dans l'éternité de l'espace de sa manière mesurée, sans hâte aucune.

Vladimir Soloviev
Union Soviétique

When the history of our galaxy is written, and I think it may already have been, if the planet Earth gets mentioned at all, it won't be because its inhabitants visited their own moon. The first step, like a newborn's first cry, would be automatically assumed. What will be worth recording is what kind of civilization we Earthlings created and whether or not we ventured out to other parts of the Galaxy. Were we wanderers? Human history so far indicates we are indeed.

It's human nature to stretch, to go, to see, to understand. Exploration is not a choice, really, it's an imperative.

Michael Collins
USA

Quand l'histoire de notre galaxie aura été écrite — et je crois bien qu'elle l'est déjà — si jamais on y mentionne notre planète la Terre, ce ne sera pas parce que ses habitants auront exploré leur propre Lune. Ce qui sera digne d'être rapporté, c'est ceci : « Quel genre de civilisation avons-nous élaborée, nous autres Terriens; nous sommes-nous aventurés dans d'autres régions de notre galaxie ? Fûmes-nous des aventuriers ? » Jusqu'ici, l'histoire de l'homme semble bien l'indiquer.

Il est en effet dans la nature humaine de s'étendre, d'avancer, de voir, de comprendre. L'exploration n'est pas un choix, en fait, c'est un impératif.

Michael Collins
Etats-Unis

134 Le golfe de Suez et la mer Rouge

Ветры разносят по планете семена жизни, рождая травы, лесы. Мчатся вечные ветры Вселенной. Что несут они? Никто не знает. Но я уверен, что природа создала нас, наделенных разумом, чтобы подобно ее слугам – ветрам мы несли жизнь в необозримые, бесконечные просторы, в ее неисчислимые миры Вселенной. Добрый разум должен победить на Земле, а потом и во всей Вселенной.

Юрий Глазков
СССР

Les vents dispersent à la surface de la Terre les semences de vie qui engendreront les prés, les fleurs et les bois. Les vents éternels de l'univers se précipitent dans leur cours. Qu'emmènent-ils avec eux ? Nul ne le sait. Mais je suis sûr que la Nature nous a créés et qu'elle nous a pourvus d'une intelligence, afin qu'à notre tour, comme le font ses serviteurs les vents, nous puissions porter la vie jusqu'aux mondes innombrables et aux vides sans limites. Il faut que la Raison l'emporte ici sur la Terre et ensuite dans l'univers entier.

Youri Glazkov
Union soviétique

135 Les îles Canaries

In space one has the inescapable impression that here is a virgin area of the universe in which civilized man, for the first time, has the opportunity to learn and grow without the influence of ancient pressures. Like the mind of a child, it is yet untainted with acquired fears, hate, greed, or prejudice.

John Glenn, Jr.
USA

Dans l'espace, on a l'inéluctable impression qu'il existe dans l'univers une région vierge où l'homme civilisé a pour la première fois l'opportunité de s'instruire et de se développer à l'écart de l'influence des anciennes tensions. Une région comme l'esprit d'un enfant, encore vierge de toute crainte, de toute haine, de toute cupidité, de tout préjugé.

John Glenn Jr
Etats-Unis

136 La baie de Rio de Janeiro

137 Des cumulonimbus au-dessus du bassin du Zaïre

We went to the moon as technicians;
we returned as humanitarians.

Edgar Mitchell
USA

C'est en techniciens que nous sommes partis pour la Lune et c'est en humanistes que nous en sommes revenus.

Edgar Mitchell
Etats-Unis

Instead of an intellectual search, there was suddenly a very deep gut feeling that something was different. It occurred when looking at Earth and seeing this blue-and-white planet floating there, and knowing it was orbiting the Sun, seeing that Sun, seeing it set in the background of the very deep black and velvety cosmos, seeing – rather, knowing for sure – that there was a purposefulness of flow, of energy, of time, of space in the cosmos – that it was beyond man's rational ability to understand, that suddenly there was a nonrational way of understanding that had been beyond my previous experience.

There seems to be more to the universe than random, chaotic, purposeless movement of a collection of molecular particles.

On the return trip home, gazing through 240,000 miles of space toward the stars and the planet from which I had come, I suddenly experienced the universe as intelligent, loving, harmonious.

Edgar Mitchell
USA

Soudain, la quête purement intellectuelle s'est muée en la sensation viscérale que quelque chose était différent. Cela s'est produit en regardant la Terre, en admirant cette planète bleue et blanche qui flottait, en sachant que celle-ci tournait autour du Soleil, en voyant ce même Soleil épinglé sur le velours noir du cosmos, en devinant — plutôt qu'en le sachant avec certitude — le jeu réfléchi des flux, des énergies, du temps et de l'espace qui sont dans le cosmos, en comprenant que cela dépassait les facultés rationnelles de compréhension de l'homme et qu'il existait soudain un autre moyen — rationnel — de comprendre, qui dépassait mon expérience antérieure.
Il semble qu'il y ait dans l'univers plus que ces mouvements aléatoires, cahotiques et sans but qui animent l'ensemble des particules moléculaires.
Pendant le voyage du retour, regardant vers les étoiles et vers cette planète d'où je venais, en traversant près de 400 000 kilomètres d'espace, j'ai brusquement ressenti que l'univers est intelligence, harmonie et amour.

Edgar Mitchell
Etats-Unis

138 L'île d'Andros aux Bahamas

I know the stars are my home. I learned about them, needed them for survival in terms of navigation. I know where I am when I look up at the sky. I know where I am when I look up at the moon; it's not just some abstract romantic idea, it's something very real to me. See, I've expanded my home.

Eugene Cernan
USA

Je sais que les étoiles sont mon domaine. J'ai appris des tas de choses sur elles, j'ai eu besoin d'elles pour naviguer et assurer ma survie. Je sais immédiatement où je suis lorsque je regarde le ciel. Je sais où je me trouve lorsque je regarde vers la Lune. Ce n'est pas un simple concept romantique abstrait, pour moi c'est quelque chose de réel. En fait, j'ai agrandi mon territoire.

Eugene Cernan
Etats-Unis

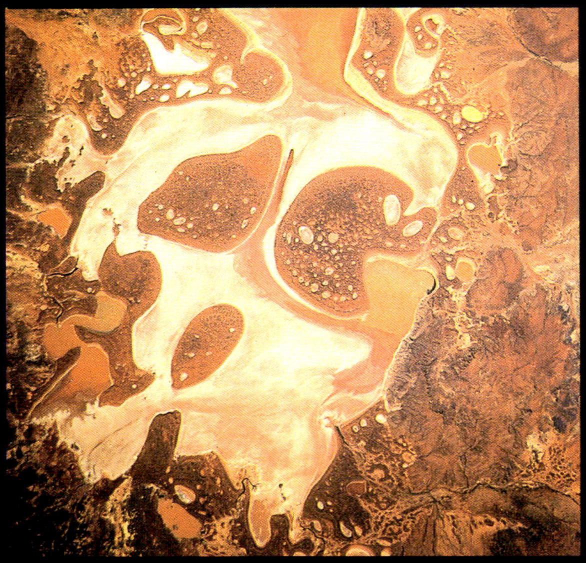

139 Le lac Carnegie en Australie occidentale

Ceux qui ont déjà pu voir la Terre depuis l'espace, ainsi que les centaines et les milliers d'autres qui la verront un jour, ont plus que certainement vu cette expérience changer leurs perspectives. Ainsi, ce que nous avons en commun en ce monde a bien plus de valeur que ce qui nous sépare.

Donald Williams
Etats-Unis

For those who have seen the Earth from space, and for the hundreds and perhaps thousands more who will, the experience most certainly changes your perspective. The things that we share in our world are far more valuable than those which divide us.

Donald Williams
USA

Мы смотрим в небо, и оно кажется бесконечным. Мы дышим, незамечая этого, как все естественное. Мы, не задумываясь, повторяем: «безбрежный воздушный океан». И вот ты садишься в космический корабль, отрываешься от Земли, и всего за какие-то десять минут проносишься сквозь слой воздуха, за которым – ничего! пустота, холод, мрак. «Безбрежный» голубой океан неба, позволяющий нам дышать, защищающий от бездны и гибели, оказался тонюсенькой пленочкой. Как страшно повредить даже в самой малости эту тонкую оболочку – охранительницу жизни!

Владимир Шаталов
СССР

Quand on regarde le ciel, il nous paraît sans fin. Nous respirons naturellement, sans y penser. Nous n'avons pas la moindre considération pour cet océan d'air illimité : nous nous installons à bord d'un engin spatial, nous nous éloignons de la Terre et, en moins de dix minutes, nous sommes propulsés au travers de cette couche d'air. Plus loin, il n'y a rien. Après l'air, il n'y a que le vide, le froid, l'obscurité. Ce ciel bleu « sans limites », c'est l'océan qui nous permet de respirer et nous protège du vide obscur et de la mort, ce n'est rien d'autre qu'une enveloppe infiniment mince. Quel péril il y a à menacer la moindre parcelle de ce voile léger, de cette couverture qui nous conserve toute vie !

Vladimir Shatalov
Union soviétique

Bereits vor meinem Flug wußte ich, daß unser Planet klein und verwundbar ist. Doch erst als ich ihn in seiner unsagbaren Schönheit und Zartheit aus dem Weltraum sah, wurde mir klar, daß der Menschheit wichtigste Aufgabe ist, ihn fur zukünftige Generationen zu hüten und zu bewahren.

Sigmund Jahn
Deutsche Demokratische Republik

Avant d'effectuer mon vol, je savais déjà que notre planète est menue et vulnérable. Mais c'est seulement lorsque je l'ai vue depuis l'espace dans son indicible beauté et sa fragilité que je me suis rendu compte que la tâche la plus urgente de l'humanité est de la garder et de la préserver pour les générations à venir.

Sigmund Jähn
République démocratique d'Allemagne

141 La mer du Nord et la côte anglaise

142 L'embouchure du Mississippi aux États-Unis

L'expérience de l'espace, de tous les gens auxquels j'en ai parlé, seuls ceux qui me sont très proches commencent à la comprendre. Ma femme saisit ce que je veux dire rien qu'aux intonations de ma voix. Mes enfants me comprennent rien qu'à voir mon regard. Mes parents aussi, parce qu'ils m'ont vu grandir avec cette idée. Mais on ne sait jamais vraiment avant d'y être allé, avant d'en avoir fait soi-même l'expérience.

Robert Cenker
Etats-Unis

Of all the people I've spoken to about the experience of space, only those closest to me can begin to understand. My wife knows what I mean by the tone of my voice. My children know what I mean by the look in my eye. My parents know what I mean because they watched me grow up with it. Unless you actually go and experience it yourself you will never really know.

Robert Cenker
USA

143 Alignements de dunes dans le désert du Namib

Page précédente :
144 La côte orientale de la Somalie

And then you look back on the time you were outside on that EVA and on those few moments that you could take, because a camera malfunctioned, to think about what was happening. And you recall staring out there at the spectacle that went before your eyes, because now you're no longer inside something with a window looking out at a picture. Now you're out there and there are no frames, there are no limits, there are no boundaries. You're really out there, going 17,000 miles an hour, ripping though space, a vacuum. And there's not a sound. There's a silence the depth of which you've never experienced before, and that silence contrasts so markedly with the scenery you're seeing and with the speed with which you know you're moving.

And you think about what you're experiencing and why. Do you deserve this, this fantastic experience? Have you earned this in some way? Are you separated out to be touched by God, to have some special experience that others cannot have? And you know the answer to that is no. There's nothing you've done to deserve this, to earn this; it's not a special thing for you. You know very well at that moment, and it comes through to you so powerfully, that you're the sensing element for man. You look down and see the surface of that globe that you've lived on all this time, and you know all those people down there, and they are like you, they are you, and somehow you represent them. You are up here as the sensing element, that point out on the end, and that's a humbling feeling. It's a feeling that says you have a responsibility. It's not for yourself. The eye that doesn't see doesn't do justice to the body. That's why it's there; that's why you are out there. And somehow you recognize that you're a piece of this total life. And you're out there on that forefront and you have to bring it back somehow. And that becomes a rather special responsibility, and it tells you something about your relationship with this thing we call life. So that's a change. That's something new. And when you come back there's a difference in that world now. There's a difference in that relationship between you and that planet and you and all those other forms of life on that planet, because you've had that kind of experience. It's a difference and it's so precious.

Russell Schweickart
USA

Alors, on repense au moment où on se trouvait à l'extérieur, pour les manœuvres extra-véhiculaires, et aux rares instants volés (tandis qu'une caméra fonctionnait mal) à réfléchir à ce qui passait. On se souvient être resté à contempler le spectacle qui se déroulait là, maintenant qu'on n'était plus enfermé dans un engin muni d'une fenêtre, en train de regarder un tableau là dehors.

Vous êtes désormais à l'extérieur, et il n'y a plus de cadre, plus de limites, plus de frontières. Vous êtes là dehors, filant à plus de 30 000 kilomètres à l'heure, fendant l'espace, le vide. Et il n'y a pas un bruit. Un silence d'une intensité dont vous n'avez jamais fait l'expérience auparavant, et ce silence contraste de façon marquée avec la scène que vous observez et avec la vitesse que vous savez être la vôtre.

Vous réfléchissez au « quoi » et au « pourquoi » de ce qui vous arrive. L'avez-vous méritée, cette fantastique expérience ? D'une manière ou d'une autre ? Avez-vous été élu, touché par Dieu, pour avoir cette expérience qui est refusée aux autres ? Vous savez que la réponse est « non ». Rien de ce que vous avez fait ne vous préparait à cela, ne vous l'avait fait mériter. Ce n'est pas quelque chose qui vous était destiné. Vous savez pertinemment bien, à ce moment-là — et cette idée vous traverse avec insistance — que vous n'êtes que l'émissaire de l'humanité. En dessous de vous, vous apercevez la surface de ce globe sur lequel vous avez vécu tout ce temps et vous connaissez tous ces gens qui vivent là en bas. Ils sont comme vous, ils sont vous. D'une certaine façon, vous les représentez. Vous êtes ici l'élément sensible, le bout de la ligne et cela vous remplit d'humilité. Cette sensation vous dit que vous exercez une responsabilité. Ce n'est pas pour vous. L'œil qui ne voit pas ne rend pas justice au corps. C'est pourquoi il est là, c'est pourquoi vous êtes là. Vous vous rendez compte, d'une certaine façon, que vous êtes un élément de cette vie totale. Vous êtes en première ligne et vous devez ramener votre témoignage. Vous avez une responsabilité particulière. Vous apprenez quelque chose de plus sur la relation que vous avez avec ce que l'on appelle la vie. C'est donc une mutation. Quelque chose de nouveau. Et quand vous reviendrez, le monde aura changé. Une différence entre vous et la planète d'une part, vous et toutes les autres formes de vie d'autre part, parce que vous avez connu cette expérience. Là est la différence… et elle est sans prix.

Russell Schweickart
Etats-Unis

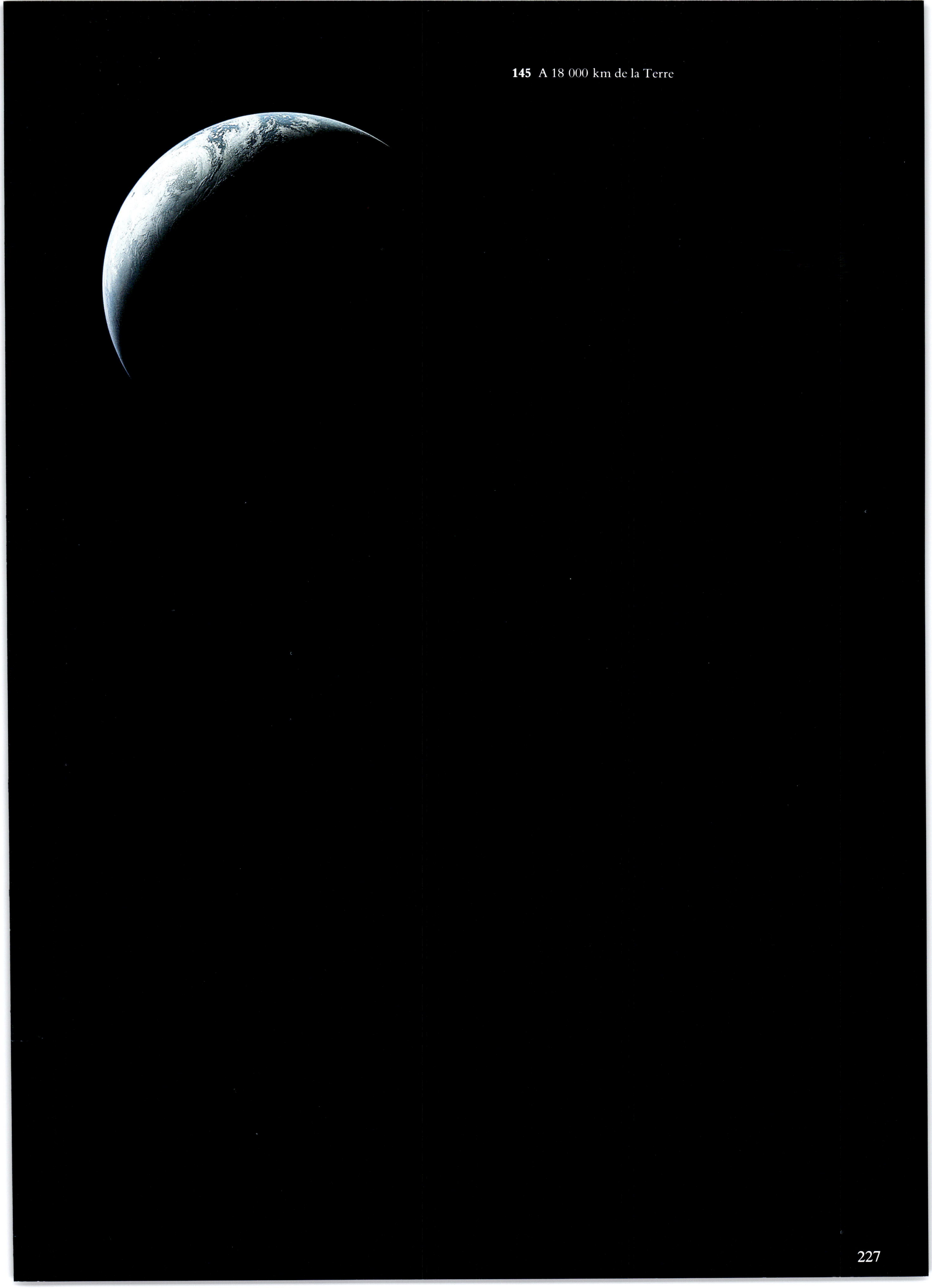

145 A 18 000 km de la Terre

Pages précédentes :
146 Le Soleil point sur l'Atlantique
147 Un plongeon vers le centre de la galaxie

А завтра? Поселения на Луне, путешествия к Марсу, научные станции на астероидах, связь с другими цивилизациями. Не будем огорчаться, что не мы с вами станем участниками дальних межпланетных экспедиций. Не будем завидовать людям будущего. Им, конечно, здорово повезет, для них станет привычным то, о чем мы можем только мечтать. Но и нам тоже выпало большое счастье. Счастье первых шагов в космосе. И пусть потомки завидуют этому нашему счастью.

Юрий Гагарин
СССР

Et demain ? Des établissements sur la Lune, des voyages vers Mars, des bases scientifiques sur les astéroïdes, des contacts avec d'autres civilisations… Ne regrettons pas de ne pas participer aux expéditions qui iront sur des planètes éloignées. N'envions pas les hommes de demain. Bien sûr, ils auront de la chance, et des choses qui ne sont pour nous que du domaine du rêve leur seront banales. Mais un grand bonheur nous est échu à nous aussi, celui d'avoir effectué les premiers pas de l'homme dans l'espace. Et ceux qui nous suivront pourraient bien nous envier ce bonheur-là.

Youri Gagarine
Union soviétique

Pourquoi des photographes dans l'espace ?

Richard W. Underwood

Les premières esquisses de la capsule *Mercury* ne comportaient aucun hublot : le passager du premier véhicule spatial américain aurait dû embarquer dans un conteneur hermétiquement clos, de la taille d'un baril de pétrole. Les psychologues n'épargnèrent pas leurs critiques, prédisant le déséquilibre mental pour le malheureux pilote. Les ingénieurs, eux, s'évertuèrent à démontrer l'affaiblissement de la structure résultant de la présence d'ouvertures sur l'engin. Les tenants du hublot finirent par s'imposer.

La présence de caméras à bord a engendré autant de polémiques : ces appareils, lourds et encombrants, devaient être installés dans des habitacles minuscules, dont les ingénieurs tentaient de réduire au maximum le poids. Déjà alarmés par la fragilité du verre des lentilles, les responsables craignaient en outre le « dégazage » des différentes composantes des boîtiers, dégazage potentiellement dangereux pour les astronautes. *Exeunt* donc les caméras.

Ce sont les explorateurs de l'espace eux-mêmes qui l'emportèrent : ils désiraient compléter leurs souvenirs par un enregistrement visuel de leurs voyages. Les arguments des astronautes ont prévalu. Des caméras ont été envoyées dans l'espace. Des dizaines de milliers de photographies de la Terre ont été prises. Je les ai toutes vues.

Avant l'ère de la photographie spatiale, un voyageur se déplaçant à la surface de la Terre ou survolant celle-ci dans un avion était pareil à une mouche évoluant sur *La Joconde* de Léonard de Vinci. Apprécier ainsi la beauté du portrait et le génie de son créateur était impossible : il fallait un recul de quelques mètres pour estimer ce tableau à sa juste valeur. Il en est de même pour l'espace. Pour contempler ce chef-d'œuvre qu'est la Terre, il faut s'en éloigner de plusieurs centaines, voire de plusieurs milliers de kilomètres. Voilà pourquoi nous avons fini par exiger des astronautes qu'ils nous ramènent tant de photos.

Au début, nous avons observé les nuages et la géologie des vues synoptiques réalisées depuis l'espace. Puis nous avons compris qu'il était possible de distinguer pratiquement n'importe quel phénomène se produisant sur notre planète. Ainsi, aujourd'hui, chaque mission comporte un volet photographique déterminé en fonction des caractéristiques du vol : l'heure du décollage, l'inclinaison du plan orbital, la saison, l'altitude et d'autres paramètres encore qui déterminent le lieu et le moment des prises de vue, tout comme la nature des sujets à photographier.

Les chercheurs des sciences de la Terre ont pu utiliser ces photos pour étudier la géologie et la morphologie à l'échelle globale ou régionale, voire locale. Ils ont ainsi accru leur connaissance de notre planète et de sa dynamique.

Le météorologiste s'est servi des clichés pour suivre l'évolution de l'état de l'atmosphère. Imaginez la joie de pouvoir pister un ouragan depuis sa naissance jusqu'à sa fin !

L'océanographe a pu apprécier l'état des mers, définir les courants qui y circulent, découvrir les sources et circonscrire la dérive de ces ensembles d'animalcules et de végétaux qui constituent la nourriture des poissons que nous mangeons.

Les écologistes ont eu la possibilité d'identifier les responsables des pollutions de l'air et de l'eau, d'observer la répartition des polluants et leurs effets sur la nature. Des fumées aux pluies acides, rien n'échappe à l'œil de la caméra spatiale à l'affût. Malheureusement, la transparence de l'atmosphère s'est fortement dégradée depuis les premières missions *Gemini*, il y a plus de vingt ans. La netteté des clichés actuels est inférieure à celle des photographies prises par les premiers astronautes.

Nous avons appris à nous servir de films sensibles au rayonnement infrarouge pour identifier les cultures, en reconnaître les maladies éventuelles et préciser leurs causes (insectes, virus ou autres végétaux), en estimer le rendement à l'hectare et définir les moments propices à l'irrigation. Les spécialistes ont été à même de détecter la surexploitation des terres, les pratiques agricoles dangereuses pour l'environnement et jusqu'aux activités illégales.

Les forestiers, les urbanistes et les hydrologues comptent parmi les utilisateurs potentiels. Les archives déjà constituées permettent d'estimer la menace qui pèse sur les populations africaines repoussées par l'offensive du Sahara (qui s'avance de quinze, trente, voire quatre-vingts kilomètres par an selon la région). Mais jusqu'ici aucun des « experts » concernés par ces matières n'a daigné prendre connaissance des clichés de l'espace.

Nous pourrions demander aux astronautes de photographier « ce qui paraît beau ou différent », ou encore « tout ce qui leur paraît incompréhensible ». Vue de l'espace, notre planète peut se révéler superbe ; à l'occasion, elle est tout autant hideuse.

On se demande souvent pourquoi la couverture photographique de la Terre n'est que fragmentaire. La surface totale du globe s'élève à

510 101 000 kilomètres carrés. Pour en obtenir une image complète, il faudrait réaliser une mosaïque de 51 010 clichés juxtaposés, chacun des éléments correspondant à un secteur de 10 000 kilomètres carrés. La trajectoire initiale des vaisseaux spatiaux s'incline en général vers l'est, pour bénéficier de la poussée supplémentaire offerte par la rotation de la planète. Ainsi, les révolutions des engins américains sont confinées dans une bande étroite comprise entre les latitudes 28 degrés nord et 28 degrés sud, ce qui ne représente qu'une fraction de la surface terrestre. Un certain nombre de missions américaines ont été mises sur une orbite inclinée à 50 degrés. Le champ de vision s'élargit alors depuis la frontière méridionale du Canada jusqu'à la Patagonie. Pratiquement tous les engins soviétiques sont lancés à 51,6 degrés et l'inclinaison de certains atteint 58 degrés, ce qui permet des observations depuis l'Alaska ou la partie méridionale de la Norvège jusqu'au cap Horn. Pour couvrir la Terre entière, il faudrait des satellites en orbite polaire. Quand cela sera possible, nous posséderons des images de l'Arctique et de l'Antarctique. En outre, les vues prises tout au long des révolutions de tels engins l'auront été à la même heure terrestre, puisque leurs trajectoires suivent les fuseaux horaires, sans jamais les traverser. Le meilleur, donc, est encore à venir.

Notre monde en images

Richard W. Underwood

Les numéros figurant devant les commentaires suivants renvoient aux légendes de l'ouvrage. Chaque description de photo est complétée par le nom du vaisseau spatial, par le nom et les dates de la mission. À l'exception de ceux des expéditions lunaires, tous les films ont été pris en orbite terrestre, à des altitudes variant de 160 à 640 kilomètres. Les caméras, essentiellement des Hasselblad de format 6 × 6, étaient équipées de batteries d'objectifs grand angulaire et de téléobjectifs. Sauf mention spécifique, l'ensemble des photographies a été fourni gracieusement par la NASA.

Page de titre L'Afrique tout entière est visible sur cette vue du disque terrestre prise à une distance de 37 000 kilomètres, au cours de la dernière mission lunaire, *Apollo 17*, en décembre 1972. On y reconnaît également la plus grande partie de l'Antarctique, la péninsule Arabique, l'Iran, une portion de l'Inde, la moitié occidentale de l'Océan Indien, ainsi que des secteurs de l'Océan Atlantique. La répartition des masses nuageuses témoigne de ce que celles-ci sont animées d'un mouvement allant vers le nord, à partir des régions antarctiques. La bande de nuages qui encercle la Terre correspond à la *Zone de Convergence intertropicale* qui recouvre les régions des forêts tropicales humides. Le ciel est totalement dégagé au-dessus des déserts du Sahara au nord, et du Kalahari au sud. *Apollo-Saturn AS17, 7 décembre 1972 - 19 décembre 1972.*

Frontispice Un fin « croissant de Terre » paraît sur cette vue prise depuis le module de commande d'*Apollo 12*, à son retour de la Lune, en novembre 1969. La tache brillante qui dépare le coin inférieur gauche du cliché a été provoquée par la réflexion de la lumière solaire, à la fois sur le hublot et sur la lentille de l'objectif. *Apollo-Saturn AS12, 14 novembre 1969 - 24 novembre 1969.*

1 Fin d'après-midi, soleil couchant et ténèbres de la nuit se partagent l'Afrique. La ligne peu foncée qui sépare les parties éclairées et obscures d'une planète porte le nom de *terminateur*. Le bord d'un astre, ou horizon, s'appelle le *limbe*. Vers le haut du cliché, limbe et terminateur se confondent. *Apollo-Saturn AS11, 16 juillet 1969 - 24 juillet 1969.*

2 Trois cosmonautes s'approchent du pas de tir du cosmodrome de Baïkonour, dans la république soviétique du Kazakhstan. *Photo prise par A. Makletsov / APN, Novosti Press.*

3 Au cosmodrome de Baïkonour, le 6 juin 1985, le lanceur du vaisseau spatial *Soyouz T-13* se dresse sur son pas de tir. *Cliché pris par A. Pushkaryov et V. Kuzmin / Photokhronika TASS.*

4 La navette spatiale *Atlantis* décolle de Cap Canaveral, en Floride. Quatrième de ce type, ce vaisseau de la NASA emporte un équipage de cinq hommes.

5 Vue de l'hémisphère austral, où se distinguent des portions de la Namibie, du Botswana et de l'Afrique du Sud. Un mince manteau nuageux recouvre le centre de la partie septentrionale de ce dernier pays. Le Kalahari est partiellement visible à l'avant-plan. Coloré de rouge et de rouge orangé, ce désert est parsemé de petites dépressions et de zones d'incrustation de sels qui ressemblent à autant de lacs. À l'arrière-plan se discernent Cape Town, le cap de Bonne-Espérance et le point le plus méridional de l'Afrique, le cap Agulhas. *Challenger 6, 41G, 5 octobre 1984 - 13 octobre 1984.*

6 Cliché pris peu avant le lever du soleil, au-dessus de l'Océan Pacifique, quelque 3 400 kilomètres à l'est de Tokyo (Japon). Les diverses bandes de couleur correspondent aux différentes couches d'aérosols qui entourent notre planète. Le rouge définit l'atmosphère et le bleu l'ionosphère. La zone de chevauchement de ces deux couleurs délimite la stratosphère. Le nombre d'électrons et d'ions diminue avec l'altitude, pour ne laisser que le noir de l'espace. *Challenger 6, 41G, 5 octobre 1984 - 13 octobre 1984.*

7 La lumière solaire est réfléchie à la surface du canal du Mozambique, à la pointe méridionale de Madagascar. *Challenger 6, 41G, 5 octobre 1984 - 13 octobre 1984.*

8 L'ombre des pics enneigés du volcan Aniakchak (chaîne des Aléoutiennes, péninsule de l'Alaska) s'allonge sous le soleil bas de l'Arctique. *Challenger 6, 41G, 5 octobre 1984 - 13 octobre 1984.*

9 Avec ses 4 650 mètres d'altitude, le Klioutchevskaïa est le plus élevé des grands volcans de la péninsule du Kamtchatka (URSS). Le fleuve Kamtchatka contourne la montagne par le nord. La ville de Klyuchi se trouve au sommet du secteur central du cliché. *Challenger 9, 61A, 30 octobre 1985 - 6 novembre 1985.*

10 Un long panache nuageux est aspiré dans le vortex de la tempête tropicale *Xina* au nord des îles Hawaii. Un tel tourbillon s'enroule dans le sens opposé des aiguilles d'une montre dans l'hémisphère nord, et dans le sens des aiguilles si l'écoulement des masses d'air a lieu dans l'hémisphère sud. Cette particularité, appelée *Effet de Coriolis*, est due à la rotation de la Terre autour de son axe polaire. *Challenger 9, 61A, 30 octobre 1985 - 6 novembre 1985.*

11 À quelque 1 900 kilomètres au nord des îles Hawaii, le typhon *Odessa* exhibe la totalité du vortex, qui s'enroule dans le sens des aiguilles d'une montre, ainsi qu'un œil nettement défini. *Discovery 6, 51I, 27 août 1985 - 3 septembre 1985.*

12 Les dépôts de terres et de roches qui forment le cap Cod (Massachusetts, USA), dont les teintes tranchent avec le bleu profond de l'Atlantique, ont été abandonnés là par les grands glaciers du pléistocène, il y a quelque 20 000 ans. Ils en constituaient les moraines terminales. *Challenger 6, 41G, 5 octobre 1984 - 13 octobre 1984.*

13 La navette *Challenger* est ici photographiée par une caméra Hasselblad de 70 mm, télécommandée et fixée sur le module inhabité SPAS construit en Allemagne de l'Ouest. *Challenger 2, STS7, 18 juin 1983 - 24 juin 1983.*

14 Le soleil se couche au-dessus des chaînes côtières du Yukon et de la Colombie Britannique, au voisinage du Mont Saint-Elias (Canada et sud-est de l'Alaska). La vue est prise en direction du nord-ouest, vers la nuit arctique. *Challenger 6, 41G, 5 octobre 1984 - 13 octobre 1984.*

15 La limpidité des eaux dans les Bahamas permet d'en pénétrer les secrets jusqu'à quelques centaines de mètres de profondeur. Le bleu sombre correspond aux eaux très profondes du golfe d'Exuma et du passage de l'île Crooked. Long Island s'étire du bas à droite vers le haut à gauche. Au bord droit, à peu près à mi-hauteur, de petits récifs soulignent les côtes de Little Exuma. Une portion de Great Exuma est également visible. *Challenger 4, 41B, 3 février 1984 - 11 février 1984.*

16 Un vortex s'enroule au-dessus du milieu de l'Océan Indien. *Challenger 6, 41G, 5 octobre 1984 - 13 octobre 1984.*

17 Au sud-est de la Floride, les Bahamas offrent un large éventail de structures bien contrastées : zones d'eaux peu profondes, récifs émergés ou immergés, îles, chenaux profonds et nuages. Les îles les plus septentrionales du groupe, la Grande Bahama et la Grande Abaco, sont situées près du centre du cliché. Une portion d'Andros apparaît au-dessus à droite, et Bimini est à droite du centre. Nassau, capitale des Bahamas, se trouve sur la petite île de la Nouvelle-Providence, que l'on distingue près du coin supérieur droit du cliché. *Challenger 7, 51B, 29 avril 1985 - 6 mai 1985.*

18 Les grands volcans andins dominent l'Altiplano, vu ici au nord-est du Salar de Atacama, là où Argentine, Bolivie et Chili se rejoignent. Le petit lac vert porte le nom bien approprié de Laguna Verde. *Columbia 7, 61C, 12 janvier 1986 - 18 janvier 1986.*

19 En Nouvelle-Zélande, les glaciers de l'île du Sud y ont découpé des lacs en autant de fjords. L'azur du lac Pukaki, au centre, le distingue des lacs Tekapo (près du bord supérieur) et Ohau (près du bord inférieur). *Challenger 9, 61A, 30 octobre 1985 - 6 novembre 1985.*

20 Cette portion du littoral californien qui s'étire de Tomales Bay (au sud) jusqu'au nord immédiat de Santa Cruz, en passant successivement par Point Reyes et Bolinas, le Golden Gate et Half Moon Bay, a été photographiée au cours de la mission 61A de la navette spatiale, la deuxième à emporter le *Spacelab* de l'Agence Spatiale Européenne. Une partie des vallées du San Joaquin et du Sacramento apparaissent le long du bord droit du cliché. Les curieuses taches de couleur regroupées au fond de la baie de San Francisco (près de Fremont) et au bord de la baie de San Pablo (près de Vallejo) sont des salins. La balafre qui traverse le cliché n'est autre que la très active faille de San Andreas. *Challenger 9, 61A, 30 octobre 1985 - 6 novembre 1985.*

21 Une zone de dunes étoilées s'étale au centre de cette vue, prise entre Bordj-onar-Driss et la ville de Tamanrasset, à quelque 1 600 kilomètres au sud-sud-est d'Alger. La forme de ces dunes est due aux vents qui soufflent dans toutes les directions, soulevant et redistribuant le sable. *Columbia STS2, 12 novembre 1981 - 14 novembre 1981.*

22 Le capitaine Bruce McCandless est aux commandes du *MMU* (Manned Manoeuvring Unit), lors de la première sortie dans l'espace sans lien avec le vaisseau-mère, le 7 février 1984. Une caméra Nikon de 35 mm est montée à la droite de sa tête. *Challenger 4, 41B, 3 février 1984 - 11 février 1984.*

23 Russell Schweickart lance un coup d'œil furtif de l'autre côté du module lunaire d'*Apollo 9*. *Apollo-Saturn AS9, 3 mars 1969 - 13 mars 1969.*

24 Edward H. White II au travail au cours d'une EVA (Extra-vehicular activity), le 3 juin 1965. Il commande les manœuvres de la main droite. *Gemini 4, 3 juin 1965 - 7 juin 1965.*

25 Le cosmonaute Leonid Kizim à l'œuvre dans l'espace, au cours de la mission *Salyout 7*, est photographié par V. Soloviev (Fotokhronika / TASS). *Soyouz T10, 8 février 1984 - 21 octobre 1984.*

26 Svetlana Savitskaya effectue une expérience de soudure au cours de la première sortie dans l'espace réalisée par une femme. *Photo prise par V. Djannibekov / Fotokhronika TASS). Soyouz T12, 17 juillet 1984 - 13 octobre 1984.*

27 Les couleurs de l'aurore sont spectaculaires (voir photo **6**). *Challenger 6, 41G, 5 octobre 1984 - 13 octobre 1984.*

28 Les cosmonautes G. Gretchko et Y. Romanenko, à bord de la station spatiale qui faisait partie du complexe orbital *Soyouz 26*, y ont photographié cette aurore. Fotokhronika TASS. *Soyouz 26, 10 décembre 1977 - 16 mars 1977.*

29 Coucher de soleil illuminé par l'atmosphère terrestre. Photo prise par les cosmonautes V. Kovalyonok et A. Ivanchenkov depuis le complexe orbital *Salyout 6 - Soyouz 29 - Soyouz 31*, en septembre 1978 *Fotokhronika / TASS. 15 juin 1978 - 2 novembre 1978.*

30 Le limbe et le terminateur terrestres au-dessus de l'Asie du Sud-Est ont été photographiés à une distance de près de 1 600 kilomètres. Les réflexions de la lumière solaire sur les nuages de haute altitude sont à l'origine du halo doré qui entoure l'atmosphère. *Challenger 7, 51B, 29 avril 1985 - 6 mai 1985.*

31 À la droite de cette aurore australe ourlée de rouge se devinent deux bandes qui se déploient dans la haute atmosphère très ténue. La présence de la structure supérieure, une aurore diffuse dont l'existence était jusque-là insoupçonnée, a soulevé nombre de questions quant à la cause et aux mécanismes des aurores polaires. La zone inférieure, que l'on distingue également à gauche, se situe à une altitude de 90 kilomètres. Sa luminescence est activée par les rayons ultraviolets émis par le Soleil; elle subsiste pendant plusieurs heures, parce que cette partie de l'atmosphère est animée d'un mouvement de rotation vers l'ombre de la Terre. Les points brillants ne sont autres que des étoiles. *Challenger 7, 51B, 29 avril 1985 - 6 mai 1985.*

32 - 34 Cette série de photos de levers de Lune prise depuis *Apollo 11* montre l'effet des distorsions atmosphériques sur une sphère : aplati lorsqu'il est vu depuis un point proche de la Terre (là où l'air est le plus dense), le disque lunaire reprend peu à peu sa forme circulaire lorsque l'observateur s'élève dans l'atmosphère. *Skylab 3, SL3, 28 juillet 1973 - 25 septembre 1973.*

35 Ce terrain accidenté est typique de la face cachée de la Lune, soumise aux bombardements météoritiques. La face visible est protégée par l'effet gravitationnel de la Terre. Le cratère 308 de l'International Astronomical Union, d'un diamètre de 80 kilomètres, est particulièrement bien visible. Ses coordonnées lunaires sont 179 degrés est et 5 degrés sud. La photo a été prise au-dessus de la partie orientale de la face cachée, depuis *Apollo 11*. *Apollo-Saturn AS11, 16 juillet 1969 - 24 juillet 1969.*

36 L'île d'Hawaii est née lorsque les laves fluides du Mauna Loa ont rejoint le cône du Mauna Kea, un volcan aux éruptions explosives éjectant roches et poussières, alors séparé du premier par un bras de mer. *Challenger 9, 61A, 30 octobre 1985 - 6 novembre 1985.*

37 Cette vue du littoral de l'Afrique australe a été prise depuis *Apollo 11*, peu avant son amerrissage dans l'Océan Pacifique. *Apollo-Saturn, AS11, 16 juillet 1969 - 24 juillet 1969.*

38 Sur ce disque terrestre presque entier se distinguent la côte occidentale de l'Amérique du Nord, depuis l'Alaska jusqu'à Panama, un fragment du nord-ouest de l'Amérique du Sud, la Basse-Californie, le Grand Bassin, ainsi que la glace et la neige qui recouvrent le Canada septentrional, la baie d'Hudson et le Groenland. *Apollo-Saturn, AS10, 18 mai 1969 - 26 mai 1969.*

39 Cette pleine Lune a été photographiée lors du voyage de retour vers la Terre de la mission *Apollo 11*. Le tiers droit de la surface appartient à la face cachée de notre satellite et ne peut donc être vue de notre planète. *Apollo-Saturn, AS11, 16 juillet 1969 - 24 juillet 1969.*

40 Une fraction du cratère 308 de l'International Astronomical Union est visible sur cette photo de la face cachée de notre satellite, juste à l'opposé de la plaine lunaire que nous voyons depuis la Terre. *Apollo-Saturn, AS11, 16 juillet 1969 - 24 juillet 1969.*

41 Situé par 32 degrés sud et 166 degrés est, le cratère Thomson, au diamètre voisin de 150 kilomètres, est la structure centrale de cette photo de la Lune prise depuis *Apollo 17*. L'ombre de gauche correspond à la paroi sud-ouest du cratère Van de Graaff, celle à droite, en bas, est une portion du cratère Zelinsky. *Apollo-Saturn, AS17, 7 décembre 1972 - 19 décembre 1972.*

42 - 45 Dans cette série de clichés pris en orbite lunaire le 20 juillet 1969, au cours de la mission *Apollo 11*, une Terre couverte de nuages semble se lever sur la surface de la Lune. La totalité du continent australien est visible, tout comme le Pacifique occidental, l'est de l'Asie et l'Arctique. *Apollo-Saturn, AS11, 16 juillet 1969 - 24 juillet 1969.*

46 Les « piétons de la Lune », Eugène Cernan et Jack Smith, atteignent la station 6 et photographient Boulder 2 dans la plaine de Taurus-Littrow. La station 6 est située à quelque 3 kilomètres du site d'atterrissage, à la base du Massif Nord. Boulder 2, haut de près de 2 mètres, est composé d'une brèche vésiculaire bleu-gris et gris-vert, aux fragments classiques blancs et de taille réduite. La poussière de la surface inférieure est le résultat d'un bombardement continu de micro-particules cosmiques et des modifications thermiques brusques et violentes (+ 150 °C dans la lumière à −270 °C dans l'obscurité) qui affectent la surface lunaire. *Apollo-Saturn, AS17 7 décembre 1972 - 19 décembre 1972.*

47 Ce cliché ramené par *Apollo 17* fut pris à la station 5 dans la vallée de Taurus-Littrow, dans la direction du Massif Est. Le rocher à l'avant-plan est haut de près d'un mètre. *Apollo-Saturn, AS17, 7 décembre 1972 - 19 décembre 1972.*

48 L'astronaute Jack Schmitt est sur le point de disparaître derrière un gros bloc rocheux surnommé « Split Rock » (Rocher Fendu). Ce dernier est probablement l'un des *éjecta* émis lors de l'impact d'une météorite, quelque part sur la Lune. *Apollo-Saturn, AS17, 7 décembre 1972 - 19 décembre 1972.*

49 La Terre vue du site d'atterrissage d'*Apollo 17*, dans la vallée de Taurus-Littrow. Le bloc rocheux à l'avant-plan a 2 mètres de haut. *Apollo-Saturn, AS17, 7 décembre 1972 - 19 décembre 1972.*

50 Très fin croissant de Terre, photographié par l'équipage d'*Apollo 11* le 23 juillet 1969, à la veille de l'amerrissage. *Apollo-Saturn, AS11, 16 juillet 1969 - 24 juillet 1969.*

51 Cette vue de la Terre a été prise depuis *Apollo 15* en route vers la Lune. Dans le coin supérieur droit, on distingue une partie de la péninsule Ibérique et de l'Afrique de l'Ouest. L'Atlantique Nord est visible dans le haut, au centre, l'Atlantique Sud dans le bas, au centre. Les zones désertiques du Pérou, de la Bolivie, de l'Argentine et du Chili apparaissent en teinte chamois.

52 L'Afrique, le Proche-Orient, la Méditerranée, l'Europe et l'ouest de l'URSS sont visibles sur ce cliché pris à bord d'*Apollo 11*, à quelque 27 000 kilomètres de la Terre, lors du voyage « translunaire ». *Apollo-Saturn, AS11, 16 - 24 juillet 1969.*

53 Le limbe terrestre éclipse le Soleil sur cette vue appartenant à une série prise par une caméra enregistreuse de 16 mm, lors du retour de la mission *Apollo 12*. *Apollo-Saturn, AS12, 14 novembre 1969 - 24 novembre 1969.*

54 Un croissant de Terre se lève sur la Lune. Notre planète apparaît surexposée parce que les astronautes, alors en orbite lunaire, ont réglé la caméra pour photographier la surface lunaire. *Apollo-Saturn, AS15, 26 juillet 1971 - 7 août 1971.*

55 La Lune est vue ici vers le sud-est, depuis *Apollo 17*, lors de la dernière des missions lunaires. La Mer de la Fécondité se trouve en haut à gauche, la Mer de la Sérénité en haut à droite. *Apollo Saturn, AS17, 7 décembre 1972 - 19 décembre 1972.*

56 Fin croissant de Terre, photographié au retour vers la Terre. Les nuages se parent souvent d'un manteau d'or au voisinage du terminateur, au lever ou au coucher du Soleil. Ils sont à l'origine de la tache dorée et brillante qui se développe au centre du croissant. *Apollo-Saturn, AS12, 14 novembre 1969 - 24 novembre 1969.*

57 On distingue l'Afrique, l'Arabie, Madagascar, la moitié occidentale de l'Océan Indien, ainsi que des parties de l'Iran, de l'Inde et du Pakistan. Ce cliché a été pris par une caméra modifiée pour le vol lunaire : dépourvu de viseur, l'appareil photographique devait s'appuyer sur la hanche de l'opérateur. *Apollo-Saturn, AS17, 7 décembre 1972 - 19 décembre 1972.*

58 Le désert du Kyzyl Koum s'étire dans le Kazakhstan et dans l'Ouzbékistan, en URSS. La mer d'Aral (Aralskoe More) est visible dans le sud-sud-est. Ce lac salé est alimenté par l'Amou Daria, dont les eaux proviennent surtout de la fonte des neiges recouvrant les lointains monts Tianshan, à la frontière sino-afghane. *Challenger 6, 41G, 5 octobre 1984 - 13 octobre 1984.*

59 L'aplatissement en semelle de fer à repasser de ces cumulonimbus se produit en haute altitude. L'air humide qui s'élève rapidement ne peut dépasser une altitude donnée qui dépend de la température, des courants atmosphériques et de l'humidité. Le sommet de la masse nuageuse dont le mouvement ascensionnel est ainsi arrêté est travaillé par les vents. Le Nigeria, où les forêts tropicales humides font place aux savanes plus sèches, disparaît sous une couche dense faite de brumes et de fumées. *Challenger 6, 41G, 5 octobre 1984 - 13 octobre 1984.*

60 Des nuages bas recouvrent le littoral Atlantique de l'Afrique du Sud et de la Namibie, près de Port Nolloth. Les nuages sans pluies (moins de 2 centimètres par décennie) et les brouillards y sont le résultat de la rencontre du courant marin froid de Benguela et des déserts plus chauds. La faune et la flore ont dû s'adapter à ces conditions climatiques particulières et satisfont leurs besoins en eau en extrayant directement ce liquide de l'humidité ambiante. *Atlantis 2, 61B, 26 novembre 1985 - 3 décembre 1985.*

61 Richat, découverte au cours de la Deuxième Guerre mondiale lors d'un survol de la Mauritanie par les Français, fut portée à l'attention des géologues par les photos ramenées par l'équipage de *Gemini 4* en 1965. Des crêtes concentriques de quartzites très dures, hautes de plus de 100 mètres en moyenne, sont séparées les unes des autres par des vallées toroïdales creusées dans des roches plus tendres. Cette structure elliptique, dont les grands axes sont respectivement de 30 et de 40 kilomètres, est le résultat d'une érosion éolienne différentielle et non celui de l'impact d'une météorite, comme les géologues l'avaient d'abord supposé. Les vents du Sahara circulent à grande vitesse autour de la structure; chargés de particules de sable très abrasives, ils agrandissent sans cesse Richat. Un petit compagnon de 4 kilomètres de large, le dôme de Semsiyyat, se développe au sud-ouest de Richat. *Discovery 2, 51A, 8 novembre 1984 - 16 novembre 1984.*

62 Le golfe de Carpentarie, entre les États australiens du Queensland et du Territoire du Nord, est une plaine côtière submergée, recouverte par des eaux peu profondes. Le fond marin y est particulièrement bien visible, surtout dans les zones où il est constitué de sables clairs ou de coraux. On discerne le littoral occidental du Queensland, ainsi que les îles Wellesley. *Atlantis 2, 61B, 26 novembre 1985 - 3 décembre 1985.*

63 Eighty Miles Beach marque le flanc occidental du Grand Désert de Sable, le long de l'Océan Indien (Australie Occidentale). La grand-route qui borde la côte traverse cette zone après Sandfire Flat Roadhouse. Les villes les plus proches sont situées à 240 kilomètres de là : Broome au nord-est et Port Headland à l'ouest. Salins, crêtes sableuses et de rares affleurements rocheux caractérisent cette région reculée. *Discovery 1, 41D, 30 août 1984 - 5 septembre 1984.*

64 Une tempête balaye le Pacifique Nord, au sud de l'Alaska. La zone de teinte prédominante blanche est la péninsule du Kamtchatka, en Sibérie. Le Japon apparaît au voisinage de l'horizon. *Apollo-Saturn, AS13, 11 avril 1970 - 17 avril 1970.*

65 Les courants de surface du Gulf Stream qui circulent dans le détroit de Floride ressortent dans la lumière chatoyante du soleil. Le flanc du Grand Banc des Bahamas et le fond marin qui borde la côte occidentale de l'île d'Andros sont clairement visibles. *Gemini 4, 3 juin 1965 - 7 juin 1965.*

66 L'essor du plancton dans un *upwelling* (flux d'eau amenée des profondeurs vers la surface) révèle un vortex marin typique de l'hémisphère sud (s'enroulant dans le sens des aiguilles d'une montre) dans les eaux côtières de Christchurch, la métropole de l'île du Sud, en Nouvelle-Zélande. Le plancton dérive vers le nord-est, avec des courants qui se heurtent à la péninsule de Banks et forment un vortex de rebroussement, vu ici au large de Pegasus Bay. *Challenger 9, 61A, 30 octobre 1985 - 6 novembre 1985.*

67 Le passage du rayonnement solaire dans une atmosphère polluée par les fumées est à l'origine de la lumière dorée qui nimbe la photographie. Ce phénomène peu fréquent est ici observé dans l'Océan Indien, près de Madagascar. *Discovery 5, 51G, 17 juin 1985 - 24 juin 1985.*

68 Dans cette vue des Bahamas, les surfaces bleu clair correspondent aux eaux peu profondes (de 3 à 60 mètres) qui recouvrent le Grand Banc des Bahamas. Le bleu intermédiaire révèle des profondeurs allant jusqu'à 120 mètres. La variation brutale des couleurs sur les flancs de la fosse dénommée « Tongue of the Ocean » trahit la présence d'une falaise bordière abrupte, dont le pied se situe à 1 600 mètres sous la surface de l'océan. Les changements de coloration s'observant à la lisière de la falaise correspondent à des canyons submergés qui entaillent le corail. Périodiquement dégagés par les grands ouragans, ces chenaux permettent le transfert d'eaux proches de la surface vers les profondeurs. *Columbia 5, STS5, 11 novembre 1982 - 16 novembre 1982.*

69 La ville de Ouad Medani et le Nil Bleu se distinguent dans le coin supérieur gauche du cliché. La rivière moins sinueuse, à droite, est le Nahar Ar-Rahad. L'unique ressource de la région est le coton; pour le cultiver il faut de l'eau, dont la seule source disponible est le Nil. Les reflets de la lumière du Soleil sur le système d'irrigation révèlent la complexité du réseau des canaux d'alimentation et de drainage.

70 Dominées par de hauts volcans, les îles de la Sonde (Indonésie) s'égrènent d'ouest en est : Java (dont la seule moitié orientale est visible), Madura (au nord de Java), Bali, Lombok et Sumbawa. Le volcan Semeru, au centre du cliché, atteint une altitude de 3 676 mètres. *Challenger 7, 51B, 29 avril 1985 - 6 mai 1985.*

71 Dans le sud du Brésil, la vaste lagune réniforme appelée Lagoa Dos Patos est née de la formation d'un cordon lagunaire long de plus de 800 kilomètres déposé par des courants littoraux se déplaçant vers le nord. Les sédiments en suspension dans les eaux peu profondes et chargées de *silts* de la lagune se mêlent aux eaux rejetées par les égouts de Porto Alegre, une cité de deux millions d'âmes (partie supérieure du cliché, un peu à droite de la ligne médiane). Seule une zone isolée de la lagune contient des eaux bleues, probablement apportées par un écoulement récent. *Skylab 3, SL3, 28 juillet 1973 - 25 septembre 1973.*

72 Au sud du Campo Grande, dans l'État brésilien du Mato Grosso do Sul, les champs sont irrigués à partir de puits creusés autour de systèmes d'alimentation qui diffusent l'eau suivant des motifs circulaires. *Challenger 6, 41G, 5 octobre 1984 - 13 octobre 1984.*

73 Le Soleil fait briller les nombreux petits lacs glaciaires qui parsèment le Bouclier Canadien au Québec. Cette région aux roches très anciennes datant du précambrien a entamé un mouvement ascendant à la fin du pléistocène, lorsqu'elle a été libérée de la charge de la calotte glaciaire des Laurentides, en voie de disparition. Le lac Mistassini, en forme de double croissant, est situé à environ 650 kilomètres au nord de Montréal. *Challenger 9, 61A, 30 octobre 1985 - 5 novembre 1985.*

74 À Madagascar, le fleuve Betsiboka se jette dans la baie de Majunga, dont l'envasement rapide est dû à d'imprudentes pratiques agricoles et forestières. *Discovery 2, 51A, 8 novembre 1984 - 16 novembre 1984.*

75 La chaîne du Zagros s'étire à l'avant-plan de cette photographie de l'extrémité occidentale du Golfe Persique. Une vaste tempête de sable voile certaines régions du Koweit et de l'Iraq, à l'arrière-plan. Les fumées associées aux champs de bataille de la guerre du Golfe — dont celles qui sont vomies par un navire en feu — se distinguent ici et là. *Challenger 6, 41G, 5 octobre 1984 - 13 octobre 1984.*

76 Le Dacht-i-Kevir est un pédiment incrusté de sels et de graviers situé au sud de Téhéran, en Iran. Sa surface désertique, battue par les vents, est parsemée de salins et de lacs salés. *Columbia, STS1, 1er avril 1981 - 14 avril 1981.*

77 Vue du sud-ouest de l'Himalaya, à la limite du massif du Karakorum. L'Inde est à gauche, le Pakistan à droite et la Chine à l'avant-plan. La vallée de l'Indus s'étire à l'arrière-plan, à droite. La légendaire Vallée Heureuse (Cachemire) se trouve près du côté droit de la photo. Les pics élevés du Karakorum dominent le bord inférieur du cliché. *Challenger 6, 41G, 5 octobre 1984 - 13 octobre 1984.*

78 Le Soleil se reflète sur une zone marécageuse de l'État de Corrientes (Argentine). Cette région proche du Rio Uruguay est couverte de nuages aux motifs linéaires inhabituels. *Discovery 6, 51I, 27 août 1985 - 3 septembre 1985.*

79 De longues ombres parallèles s'étirent sur la plaine uniforme du Chaco (Paraguay), au coucher du soleil. Des rehauts plus brillants trahissent les nuages d'altitude qui retiennent la lumière solaire en déclin. *Discovery 2, 51A, 8 novembre 1984 - 6 novembre 1984.*

80 Les Émirats Arabes Unis et Oman flanquent le détroit d'Ormuz qui sépare l'Iran (à l'arrière-plan) de la péninsule Arabique, aux teintes plus vives. La chaîne iranienne du Zagros est visible à l'arrière-plan. *Challenger 9, 61A, 30 octobre 1985 - 6 novembre 1985.*

81 Les courants de surface qui s'enroulent autour des îles de la mer Égée se distinguent clairement sous la réflexion différentielle de la lumière solaire. Les observations effectuées à partir de l'espace sont idéales pour l'étude globale de tels courants. La Crète est cette île allongée qui s'étire à mi-hauteur de la photo, à gauche. La presqu'île du Péloponnèse et Athènes se trouvent dans la moitié droite du cliché. Les côtes égyptiennes et libyennes apparaissent à l'horizon, de même que la bordure septentrionale du Sahara. La Turquie, à l'avant-plan, est flanquée d'îles : de gauche à droite, Lesbos, Chio, Samos, Cos et Rhodes vers le coin inférieur gauche. *Challenger 6, 41G, 5 octobre 1984 - 13 octobre 1984.*

82 Les vastes pampas au relief uniforme s'étendent le long de la côte atlantique (qui se devine à droite, en bas) de l'Argentine. Le Rio de la Plata se trouve au centre de la photo. Les nuages à l'arrière-plan sont suspendus au-dessus de l'Atlantique Sud et de la Patagonie. *Challenger 6, 41G, 5 octobre 1984 - 13 octobre 1984.*

83 Dans le sud-ouest algérien, de longues dunes (appelées *seifs*), toutes orientées dans la direction des vents dominants, balafrent l'Erg Chech. Ce dernier est un désert de sable, isolé (26,5 degrés nord; 1,5 degré ouest) et inhospitalier, inhabité et rarement visité. Ces systèmes de dunes sableuses parallèles, longues d'environ 160 kilomètres, ne sont connus que dans quelques rares endroits du globe. La plupart des dunes de sable sont transverses : elles se développent perpendiculairement à la direction générale des vents. *Challenger 5, 41G, 6 avril 1984 - 13 avril 1984.*

84 Le soulèvement récent du plateau de l'Hadramaout, au Sud-Yemen, y a accentué l'approfondissement des vallées encaissées creusées par des rivières intermittentes, aujourd'hui asséchées. Un cours d'eau se détache avec netteté le long des bords supérieur et inférieur du cliché : en haut, l'eau s'écoule vers les immensités désertiques du Roub al-Khali (« le coin vide ») ; en bas, l'eau va se déverser dans le golfe d'Aden. *Challenger 6, 41G, 5 octobre 1984 - 13 octobre 1984.*

85 Le fleuve Gambie s'écoule de Georgetown (coin supérieur gauche du cliché) vers son estuaire qui s'amorce à Mansa Konko, à l'est de Banjul, la capitale de la Gambie. Les pluies qui arrosent les hauteurs de la Guinée déchargent d'énormes quantités de *silts* dans le fleuve, dont la couleur vire au bronze lorsqu'il passe des zones forestières aux savanes plus sèches, en route vers le Sahara et vers la traversée du Sénégal. La Gambie elle-même est une nation au territoire étroit et allongé qui s'étend sur plus de 300 kilomètres de part et d'autre du fleuve. *Discovery 1, 41D, 30 août 1984 - 5 septembre 1984.*

86 Le lac de Van est enchâssé dans les montagnes de la Turquie orientale, au sud-ouest du mont Ararat. Ses eaux, amères et impropres à la consommation, étaient pour les Anciens une source de savon. La lumière du Soleil y révèle le schéma de la circulation des courants superficiels. Elle fait scintiller la rivière Buhtan et ses affluents qui drainent le massif montagneux du Satak Daglari. Ce dernier forme le pan sud-ouest de la ligne de partage des eaux du lac et constitue l'une des sources du Tigre. *Challenger 6, 41G, 5 octobre 1984 - 13 octobre 1984.*

87 Longues et basses, les îles Belcher (ici couvertes de neige) serpentent au large de la côte de la baie d'Hudson, dans le nord du Québec (Canada). Elles sont constituées des *silts* très légers laissés par les anciennes glaciations continentales et redistribués par les courants circulant dans la baie d'Hudson. *Challenger 6, 41G, 5 octobre 1984 - 13 octobre 1984.*

88 L'île volcanique de Rodriguès émerge de l'Océan Indien, à quelque 1 600 kilomètres à l'est de Madagascar. Découverte par les Portugais en 1645, elle a été depuis rattachée politiquement à l'île Maurice, située au sud-sud-ouest, à près de 500 kilomètres de distance. Le mont Limon culmine à 396 mètres d'altitude. Le corail qui borde les côtes occidentale et méridionale constitue un mur vertical dont la hauteur dépasse plusieurs centaines de mètres et s'accroît au fur et à mesure que l'île Rodriguès, en lente subsidence, s'enfonce sous les flots. De nombreuses îles volcaniques semblables ont ainsi disparu sous les eaux, pour ne laisser que des atolls coralliens aux abruptes parois, dont les faîtes se trouvent parfois à plus de 6 000 mètres au-dessus des fonds océaniques. *Discovery 6, 511, 27 août 1985 - 3 septembre 1985.*

89 En Haute Égypte, le barrage d'Assouan a créé le lac Nasser sur le cours supérieur du Nil. Au pied de l'ouvrage, le fleuve s'écoule dans une vallée étroite, aux champs irrigués de couleur sombre. L'escarpement du désert de Libye apparaît dans le coin supérieur droit de la photographie. À gauche se déploient les formations volcaniques du désert Arabique. *Challenger 6, 41G, 5 octobre 1984 - 13 octobre 1984.*

90 Cette vue de *Soyouz T2* en orbite terrestre a été prise par les cosmonautes Leonid Popov et Valeri Romanov depuis la station orbitale *Salyout 6-Soyouz 35*, et ce peu après séparation du Soyouz. *Fotokhronika / TASS. Soyouz 35, 9 avril 1980 - 11 octobre 1980.*

91 La température de l'océan, les courants qui y circulent et les flux d'eau qui remontent des profondeurs (*upwellings*) ont créé deux formations nuageuses différentes qui dominent le Pacifique, à plusieurs centaines de kilomètres au sud-ouest de San Diego (Californie). À l'arrière-plan, des stratocumulus disposés en cellules recouvrent les eaux froides du grand large. *Gemini 12, 11 novembre 1966 - 15 novembre 1966.*

92 De profonds canyons et des pics volcaniques marquent le relief au sud de la cité péruvienne de Cuzco. La cordillère des Andes, la plus longue des chaînes montagneuses continentales, constitue une muraille naturelle continue d'une longueur de plus de 8 000 kilomètres. Elle s'étire du nord au sud, depuis les environs du port de Santa Marta (Colombie septentrionale), dominé par les 5 800 mètres du pic Cristobal Colon, jusqu'à la Terre de Feu. *Columbia 7, 61C, 12 janvier 1986 - 18 janvier 1986.*

93 Une fine couche de cirrus masque partiellement l'île de Gran Canaria, dans l'archipel des Canaries (15,5 degrés ouest; 28 degrés nord). *Challenger 6, 41G, 5 octobre 1984 - 13 octobre 1984.*

94 Des pressions internes très intenses forcent parfois les roches profondes, en fusion, à remonter vers la surface terrestre. Au contact de ces masses chaudes, les roches encaissantes et leurs minéraux sont altérés chimiquement (métamorphisme de contact). De telles structures ont été mises à nu en Namibie. L'intrusion circulaire de couleur sombre, connue sous le nom de Brandberg, culmine à 2 600 mètres. Son diamètre atteint une trentaine de kilomètres. En bas, à droite, l'Erongoberge, plus vaste (une cinquantaine de kilomètres de diamètre), ne dépasse pas 2 200 mètres de haut. Les petits nuages typiques centrés sur le Brandberg doivent leur existence aux différences de température, de pression et d'humidité qui se produisent à grande altitude. *Atlantis 2, 61B, 26 novembre 1985 - 3 décembre 1985.*

95 Ce cliché permet d'apprécier la complexité du littoral de l'État brésilien de Parana, aux environs de Paranagua. La longue île côtière de Comprida et le Rio Ribeira do Iguapa ressortent sous l'effet de la réverbération de la lumière solaire (coin supérieur gauche). *Challenger 1, STS6, 4 avril 1983 - 9 avril 1983.*

96 Au Bangladesh, le delta du Gange constitue une vaste zone de drainage des eaux qui se déversent dans le golfe du Bengale en y créant un entrelacs de chenaux et d'îles. Les typhons qui s'y ruent parfois laissent derrière eux une région totalement inondée, où les victimes peuvent se compter par dizaines de milliers. Pourtant, les survivants, attirés par l'extraordinaire fertilité des sols, reviennent se fixer dans le delta. *Atlantis 2, 61B, 26 novembre 1985 - 3 décembre 1985.*

97 Les eaux bleues du golfe de Suez séparent le Sinai (en bas) du désert Arabique en Égypte continentale (en haut). La dérive des continents est particulièrement active dans cette zone : les deux rivages opposés s'écartent l'un de l'autre d'une dizaine de centimètres par an. La mer Rouge constitue l'extension septentrionale du Grand Rift Africain. À son extrémité nord, elle se scinde en deux fossés tectoniques distincts : le golfe de Suez d'un côté, le golfe d'Aqaba et la mer Morte de l'autre. *Atlantis 2, 61B, 26 novembre 1985 - 3 décembre 1985.*

98 L'homme est à l'origine de la désertification du Niger, en Afrique occidentale. Jadis pays de savanes, ce n'est plus aujourd'hui qu'une étendue de sable modelée par les vents et parsemée de petits lacs salés. Le Dillia est une rivière temporaire, mais son débit occasionnel ne représente plus qu'une fraction de celui qu'il atteignait il y a quelques années seulement. *Discovery 4, 51D, 12 - 19 avril 1985.*

99 Dunes transverses ou longitudinales (*seifs*) et zones où l'assise continentale (*bedrock*) a été mise à nu et décapée par les vents abondent dans le désert du Namib, en Namibie. La faune et la flore locales se sont adaptées dans ce désert. *Discovery 1, 41D, 30 août 1984 - 5 septembre 1984.*

100 Un vortex s'enroule au-dessus de l'Océan Indien, à quelque 2 400 kilomètres à l'ouest de l'Australie. *Challenger 9, 61A, 30 octobre 1985 — 6 novembre 1985.*

101 Vue de l'œil de la tempête tropicale *Blanca* qui se développe au large de la côte occidentale du Mexique. *Discovery 5, 51G, 17 juin 1985 - 24 juin 1985.*

102 Les crêtes de la chaîne du Zagros s'alignent parallèlement les unes aux autres dans le sud-ouest de l'Iran. Les dômes de sel, sombres et arrondis, constituent autant de pièges à pétrole, dont la plupart n'ont pas encore été exploités. *Challenger 6, 41G, 5 octobre 1984 - 13 octobre 1984.*

103 La Vallée des Rois, en face de Louqsor, fut le site choisi comme lieu de sépulture par les pharaons du Nouvel Empire. L'ancienne cité de Thèbes se mire dans le Nil, tout au bord de la photo. *Challenger 6, 41G, 5 octobre 1984 - 13 octobre 1984.*

104 Le dégel commence à morceler la glace qui couvre la baie d'Hudson, au Québec. Dans plusieurs mois, des navires pourront y charger du blé dans les ports de Churchill (Manitoba) et de Moosonee (Ontario). Les tourbillons allongés et sombres sont les îles Belcher. Basses et sableuses, elles constituent une relique des glaciations continentales du passé (voir photo **87**). *Challenger 7, 51B, 29 avril 1985 - 6 mai 1985.*

105 Longue de plus de 300 kilomètres, cette section de la côte birmane du golfe du Bengale est une succession d'estuaires, d'îles et de mangroves. Les formidables précipitations qui noient la chaîne de l'Arakan (proche de l'océan) sous un déluge d'eau chargent les courts fleuves côtiers et leurs estuaires de *silts*. La grande île de Ramtree est nettement visible. *Skylab 4, SL4, 16 novembre 1973 - 8 février 1974.*

106 Dans le nord du Niger, le Blaka, rivière intermittente, approfondit l'entaille qu'elle y a déjà creusée au fur et à mesure du soulèvement de cette région. *Challenger 4, 41B, 3 février 1984 - 11 février 1984.*

107 A 800 kilomètres au nord de Perth (Australie Occidentale), la Gascoyne River est un fleuve intermittent qui serpente sur près de 1 600 kilomètres dans les plaines de Macadam. Ses eaux peu abondantes s'évaporent rapidement ou sont absorbées dans les zones sableuses ou graveleuses pour s'écouler sous la surface. La présence d'une végétation permanente trahit celle d'un cours d'eau souterrain où les racines pompent le liquide dont elles ont besoin. *Discovery 1, 41D, 30 août 1984 - 5 septembre 1985.*

108 Le nord-est du lac Winnipeg, au Manitoba (Canada), était soumis aux effets des glaciations il n'y a pas si longtemps encore (géologiquement parlant). La mince barre de Limestone Point isole pratiquement Limestone Bay du reste du lac. La ville de The Pas est située au bord inférieur gauche de la photo. Cette vue qui porte le numéro 41G-949 fait partie d'une série prise par la caméra grand format (LFC) de la NASA, qui fut diffusée par Chicago Area Survey (2140 Wolf Road, Des Plaines, IL 60018). *Challenger 6, 41G, 5 octobre 1984 - 13 octobre 1984.*

109 La neige recouvre la région du canyon de la Désolation, le long de la Green River (Utah-USA). Les Roan Cliffs et le plateau d'East Travaputs sont particulièrement marqués. Leur soulèvement récent (géologiquement parlant) a induit l'approfondissement des canyons par les rivières qui y coulent. *Skylab 4, SL4, 16 novembre 1973 - 8 février 1974.*

110 Le lac Powell est le lac de retenue du barrage appelé Glen Canyon Dam, haut de 216 mètres. Vu ici en hiver depuis *Skylab 4*, le lac s'étale dans les États de l'Arizona et de l'Utah. Il a été baptisé ainsi en l'honneur de John Wesley Powell, le chef de la première expédition à descendre, en 1869, le bassin Green River-Colorado, depuis la ville de Green River (Wyoming) jusqu'aux confins de Las Vegas (Nevada), en traversant Glen Canyon puis le Grand Canyon. Le fleuve Colorado est ici visible de la partie inférieure du Canyonlands National Park, en amont, jusqu'au secteur supérieur du Grand Canyon National Park. *Skylab 4, SL4, 16 novembre 1973 - 8 février 1974.*

111 Les structures nuageuses cellulaires sont caractéristiques des zones atmosphériques stables, où l'air circule en lents mouvements convectifs, à l'aplomb d'un océan calme. Fréquentes dans de vastes régions du Pacifique comprises entre les îles Hawaii et la côte ouest des États-Unis, elles ont ici été photographiées au-dessus de l'Atlantique, à l'est de l'île de l'Ascension. *Discovery 5, 51G, 17 juin 1985 - 24 juin 1985.*

112 La péninsule de Shipunsky (Poluostrov Shipunsky) déborde de la côte orientale du Kamtchatka pour s'avancer dans l'Océan Pacifique. Le bleu sombre est la couleur typique des eaux proches de la congélation. *Columbia 6, STS9, 28 novembre 1983 - 8 décembre 1983.*

113 Les masses nuageuses sous le vent des îles Hawaii (Hawaii, Maui, Kahoolawe, Lanai et Molokai à gauche) ont sans doute été perturbées lors de leur passage sur l'archipel. Les nuages dans le vent, restés stables, ont conservé une structure cellulaire. *Discovery 5, 51G, 17 juin 1985 - 24 juin 1985.*

114 Au nord-ouest de la ville brésilienne de Manaus, le Rio Negro serpente dans les forêts tropicales humides du bassin de l'Amazone. Les eaux sombres mais dépourvues de charge alluvionnaire importante finissent par se mêler aux eaux boueuses de l'Amazone, à 160 kilomètres de là, dans le sud-ouest. Le mariage progressif de ces deux flots peut se suivre sur plus de 150 kilomètres vers l'aval. *Columbia 7, 61C, 12 janvier 1986 - 18 janvier 1986.*

115 Vue du golfe Persique, en direction du sud-ouest (montrant l'Iraq), de l'Iran et, au bas de la photo, du fleuve Chott-el-Arab, depuis Bassorah jusqu'au-delà d'Abadan. Le Koweit est en bas à droite et l'Arabie Saoudite se devine le long du bord droit du cliché. L'Iran, qui couvre le secteur gauche de la photo, exhibe toute la longueur de son littoral et de la chaîne du Zagros. A mi-hauteur, à droite vers l'horizon, se découpe le détroit d'Ormuz. *Challenger 6, 41G, 5 octobre 1984 - 13 octobre 1984.*

116 Les reflets du Soleil colorent de bronze la surface du Pacifique, au large d'Arno (en bas, au centre), un des atolls de la chaîne de Ratak, l'arc oriental de l'archipel des Mariannes. Les atolls se forment par la croissance de récifs coralliens annulaires sur les flancs de monts sous-marins en lente subsidence. *Discovery 6, 511, 27 août 1985 - 3 septembre 1985.*

117 Le lac Manicouagan, ici couvert de glace, fut créé par la construction du barrage Daniel Johnson. Il remplit un très ancien cratère dû à l'impact d'une météorite géante sur le sol canadien. Située à 500 kilomètres au nord-nord-ouest de la ville de Québec, cette structure circulaire possède un diamètre de 80 kilomètres. *Challenger 7, 51B, 29 avril 1985 - 6 mai 1985.*

118 Des *silts* sont déversés dans la mer par le fleuve Kapuas, dont l'embouchure est située au sud de la ville indonésienne de Pontianak (côte ouest de Bornéo), que l'on distingue au centre, dans le bas du cliché. De petites bouffées nuageuses (cumulus) ont tendance à se former au-dessus de la jungle, à l'exclusion des nappes d'eau à découvert. Les reflets du soleil soulignent la complexité des mangroves. *Atlantis 2, 61B, 26 novembre 1985 - 3 décembre 1985.*

119 Le Teluk Berau (ou golfe de Mac Cluer) s'enfonce dans l'Irian Jaya, la partie indonésienne de la Nouvelle-Guinée. Couverte d'immenses forêts tropicales humides, dominée par d'abruptes montagnes côtières, l'île est copieusement arrosée par des pluies quasiment continues. Celles-ci sont à l'origine des eaux boueuses et des mangroves que l'on distingue nettement sur ce cliché. *Challenger 7, 51B, 29 avril 1985 - 6 mai 1985*

120 - 122 Cette séquence de trois photos a été prise depuis la navette Atlantis se déplaçant au-dessus de la côte nord-est de l'Afrique.

La première vue met en évidence la Corne de l'Afrique et la jonction du golfe d'Aden avec l'Océan Indien. Ce golfe séparant la péninsule Arabique de l'Afrique est l'un des trois *rifts* disposés en étoile qui sont nés du bombement de la région. Ses flancs escarpés, soulevés par des mouvements tectoniques, s'écartent l'un de l'autre au gré de l'expansion océanique qui élargit le fossé et provoque la naissance d'un nouvel océan. La Somalie occupe la majeure partie de la photo, une portion de l'Éthiopie apparaissant à gauche. Le long de la côte orientale de la Somalie, les puissants courants de l'Océan Indien ont fini par relier l'île de Ras Hafun au continent.

Sur la deuxième vue, prise plus au sud, le golfe d'Aden (fragmentaire) est relégué dans le coin supérieur gauche, pour laisser place à l'Océan Indien (à droite) et à une part accrue de l'Éthiopie.

Le désert de l'Ogaden, champ de bataille entre Somaliens et Éthiopiens, couvre la moitié gauche du troisième cliché. De petits cumulus se forment dans l'air continental froid, réchauffé par le désert. *Atlantis 2, 61B, 26 novembre 1985 - 3 décembre 1985.*

123 Les nuages voilent les Rocheuses canadiennes de la Colombie Britannique, au sud-sud-ouest de la ville de Calgary (Alberta). Des portions des rivières Elk et Kootenay se devinent au travers des nuages les moins épais. *Challenger 7, 51B, 29 avril 1985 - 6 mai 1985.*

124 Cette vue révèle la totalité du Grand Canyon du Colorado. Après la traversée du lac Powell (Utah) et de la ville de Lee's Ferry (Arizona), le fleuve Colorado se faufile successivement dans les gorges du Marble Canyon, du Grand Canyon et de Virgin Canyon, avant de s'engouffrer dans le lac Mead. À la sortie de ce dernier, il oblique brutalement vers le sud, traverse Black Canyon puis Pyramid Canyon et constitue alors la frontière entre la Californie et l'Arizona jusqu'à Yuma. La plage sombre du coin inférieur droit du cliché est le plateau de Kaibab, couvert de forêts. Le plateau Cococino est en bas, au centre. Le lac Mead et Las Vegas sont situés dans le haut de la photo, au centre. Des flocons nuageux recouvrent les San Francisco Peaks et la ville de Flagstaff (Arizona), dans le bas. Le lac Salton (Salton Sea) apparaît dans le coin supérieur gauche. *Challenger 6, 41G, 5 octobre 1984 - 13 octobre 1984.*

125 Le lac appelé Soa Pan (coin inférieur gauche) étale ses eaux salées dans le Magkadikgadi, une partie du désert du Kalahari, au Botswana. Les formations parallèles sont d'anciennes dunes stabilisées. *Atlantis 2, 61B, 26 novembre 1985 - 3 décembre 1985.*

126 À une centaine de kilomètres de Porto Alegre, les puissants courants de l'Atlantique Sud bien visibles qui longent la côte brésilienne en direction du nord ou du nord-est ont édifié le superbe cordon littoral blanc qui traverse la photo. L'ancienne côte constitue maintenant les rives internes de lagunes créées au gré des mouvements des sables et des *silts* (ces mouvements sont eux aussi clairement visibles sur ce cliché). *Skylab 3, SL3, 28 juillet 1973 - 25 septembre 1985.*

127 Le golfe d'Alaska est dominé par les pics de la chaîne des monts Saint-Elias qui s'étire de l'Alaska à la Colombie Britannique en traversant le Yukon. À gauche, à mi-hauteur du cliché, se dresse le mont Logan, le point culminant du Canada avec ses 6 050 mètres d'altitude. À droite, la grande oreille de glace du glacier Malaspina se glisse entre Saint-Elias Peak et le mont Vancouver. *Challenger 6, 41G, 5 octobre 1984 - 13 octobre 1984.*

128 Dans le nord-ouest de l'Argentine, les chaînes principales des Andes enserrent de vastes hauts plateaux arides. Au centre de la photo, un cône de cendres récent, dont le flanc nord-ouest est couvert par des sables poussés par les vents, témoigne de l'activité volcanique de la région. À quelque 160 kilomètres à l'ouest de la ville de San Miguel de Tucuman, les hauts plateaux s'étalent à près de 5 000 mètres d'altitude et sont dominés par des pics qui dépassent 5 500 mètres de haut. Lacs salés et dépôts salins abondent dans la Puna de Atacama, région désertique à la frontière du Chili. La couleur des dépôts trahit le contenu minéral des roches. *Challenger 8, 61A, 30 août 1983 - 5 septembre 1983.*

129 La mer du Nord est vue ici vers le sud-ouest, en direction de la Bretagne que l'on devine dans le coin supérieur droit du cliché. Les îles du delta du Rhin et de la Meuse apparaissent à l'avant-plan, juste sous les digues de l'Ijsselmeer (Pays-Bas) soulignées par les reflets du Soleil. À droite, le Pas-de-Calais, avec la pointe sud-est de l'Angleterre. *Challenger 9, 61A, 30 octobre 1985 - 6 novembre 1985.*

130 Les monts Omineca et les chaînes de Ruby et de Thudaka appartiennent aux Montagnes Rocheuses canadiennes. Ces massifs sont situés dans le nord de la Colombie Britannique, à quelque 500 kilomètres au nord-nord-ouest de la cité de Prince George et à près de 400 kilomètres de la ville de Dawson Creek. Le canyon creusé par la rivière Fox traverse le coin inférieur droit du cliché. La limite des neiges en ce mois de décembre se situe à près de 1 100 mètres d'altitude. *Columbia 6, STS9, 28 novembre 1983 - 8 décembre 1983.*

131 Les pics andins enneigés dominent le Chili et l'Argentine. Santiago, la capitale chilienne, est située au centre, au sommet de la photo. Le port de Valparaiso s'ouvre sur le Pacifique. Juste à gauche du centre se dresse le volcan Aconcagua (6 960 mètres d'altitude), l'un des points culminants du continent américain. La ville de Mendoza se trouve près du coin supérieur gauche. *Challenger 6, 41G, 5 octobre 1984 - 13 octobre 1984.*

132 Le désert de Nubie recouvre l'extrémité méridionale de l'Égypte et le nord du Soudan. Cette vue prise vers le nord-ouest, à l'aplomb d'un point situé à l'ouest de Kharthoum, montre le Nil depuis Abou Hammed au sud jusqu'au coude de Louqsor au nord, en passant par le lac Nasser et le barrage d'Assouan. *Challenger 9, 61A, 30 octobre 1985 - 6 novembre 1985.*

133 La photographie par satellite a démontré la réalité du concept de « faux delta » intérieur, créé par les géologues français mais décrié par les autres adeptes des sciences de la Terre. Une telle structure composée d'un entrelacs de marécage, de lacs et de salins, se développe ici près de Tombouctou, à plus de 1 600 kilomètres du delta du Niger. La plus grande partie des précipitations qui tombent au cours de la saison des pluies est détournée dans des dépressions de terrain parallèles au lac Faguibine, dont la forme rappelle celle d'une pointe de flèche. L'eau y est stockée en prévision de la saison sèche. *Discovery 4, 51D, 12 avril 1985 - 19 avril 1985.*

134 Une partie du delta du Nil se devine vers le bord droit de cette vue du Sinai (Égypte) prise en direction du sud-ouest. Le canal de Suez et le golfe du même nom sont au centre, la mer Rouge à gauche et le golfe d'Aqaba borde le flanc sud-est de la péninsule. Le désert du Hedjaz (Arabie Saoudite) s'étire le long de la mer Rouge, dans le quart inférieur gauche du cliché. Une partie du sud d'Israël apparaît en bas à droite. *Challenger 6, 41G, 5 octobre 1984 - 13 octobre 1984.*

135 La lumière du Soleil silhouette les îles de l'archipel des Canaries, dont les côtes au vent sont soulignées par leur habituelle couverture nuageuse. À l'arrière-plan se devinent le littoral du Maroc méridional et du Sahara Occidental. *Challenger 9, 61A, 30 octobre 1985 - 6 novembre 1985.*

136 La lumière du soleil couvre d'or la baie de Rio de Janeiro, au Brésil. *Discovery 5, 51G, 17 juin 1985 - 24 juin 1985.*

137 Cette masse de cumulonimbus, photographiée au lever du Soleil, est responsable des violentes pluies tropicales qui s'abattent sur le bassin du fleuve Zaïre, au Congo. *Challenger 1, STS6, 4 avril 1983 - 9 avril 1983*

138 Les rayons du Soleil teintent d'argent les sables coralliens de l'extrémité sud de l'île d'Andros (Bahamas). *Challenger 9, 61A, 30 octobre 1985 - 6 novembre 1985.*

139 Le lac Carnegie, à près de 1 000 kilomètres au nord-ouest de Perth (Australie Occidentale), est un bassin parsemé de nombreux lacs salés, mares, terrasses et dunes. *Discovery 1, 41D, 30 août 1984 - 5 septembre 1984.*

140 La baie de Grand Traverse s'enfonce dans le littoral occidental de la péninsule du Michigan. La ville de Traverse Bay se situe juste en dessous de la longue et étroite bande de cirrus qui s'étire à gauche, à mi-hauteur de cette vue prise en direction de l'ouest. Deux grandes îles émergent du lac Michigan : North Manitou, la plus étendue (vers la gauche, en bas); et South Manitou. *Skylab 3, SL3, 28 juillet 1973 - 25 septembre 1973.*

141 Le Soleil fait étinceler les eaux du golfe du Wash, en Angleterre (à gauche, à mi-hauteur du cliché). La mer du Nord apparaît dans le bas de la photo. Le long doigt du Devon et des Cornouailles pointe vers l'Atlantique (coin supérieur droit). *Challenger 9, 61A, 30 octobre 1985 - 6 novembre 1985.*

142 Les sédiments récoltés dans le bassin de drainage du complexe Mississippi/Missouri/Ohio finissent par se déverser dans le golfe du Mexique, où ils repoussent sans discontinuer le delta en patte d'oie du Mississippi vers le large. De nouveaux chenaux s'y ouvrent, d'autres se referment. Les courants marins du golfe, qui circulent surtout vers l'ouest, arrachent des millions de tonnes de sédiments au delta et les redistribuent pour développer des plages en Louisiane et dans le Texas. *Challenger 9, 61A, 30 octobre 1985 - 6 novembre 1985.*

143 Au sud-est de Windhoek (Namibie), les grandes dunes longitudinales se brisent sur la rive d'un fleuve asséché, dont les eaux occassionnelles véhiculent le sable vers la mer. Des vents violents sculptent les affleurements de roches intrusives noires et laissent des traînées de matériaux érodés. *Atlantis 2, 61B, 26 novembre 1985 - 3 décembre 1985.*

144 Cette vue prise en direction du nord-est montre la côte de la Somalie depuis Muqdisho (Mogadiscio), la capitale de ce pays (à l'avant-plan) jusqu'au Ras (cap) Hafoun. Des bouffées nuageuses couvrent le désert somali. Les fins nuages, moins fournis, s'étirent le long de la vallée du Webi Shibeli. La nébulosité est nulle le long de la côte et s'accroît vers le large de l'Océan Indien. *Challenger 9, 61A, 30 octobre 1985 - 6 novembre 1985.*

145 En 1967, le vaisseau inhabité *Apollo 4* fut mis en orbite elliptique allongée autour de la Terre pour tester les moteurs à utiliser lors des futurs voyages vers la Lune et pour éprouver sa résistance lors d'une rentrée à grande vitesse dans l'atmosphère. La caméra de 70 mm placée derrière un hublot et braquée en permanence vers notre planète a pris ce cliché, alors qu'*Apollo 4* était à l'apogée de sa trajectoire, à 16 000 kilomètres de la Terre. *Apollo-Saturn, AS4, 9 novembre 1967.*

146 Le jour se lève sur l'Atlantique, à mi-chemin entre l'Amérique du Sud et l'Afrique. Les formations nuageuses sont dues à la *Zone de Convergence intertropicale*. La couleur dorée est provoquée par les poussières originaires du Sahara, en suspension dans l'atmosphère et transportées loin au large par les vents. *Discovery 5, 51G, 17 juin 1985 - 24 juin 1985.*

147 Des nuages de gaz et de poussières cosmiques dérobent à nos regards de vastes régions voisines du centre de notre Galaxie. Des brèches dans cet écran nous permettent de distinguer une multitude d'étoiles anciennes, jaunes. Quelquefois, les poussières sont illuminées par des astres jeunes et chauds, qui sont à l'origine des nébuleuses comme celles dénommées Trifide ou La Lagune (ROE 5 et 7, dans la constellation du Sagittaire). *Copyright © Royal Observatory, Edimbourg, 1979.*

Pour plus d'informations concernant les clichés, on peut contacter *World Perspectives*, P.O. Box 709, Bolinas, CA 949241, USA.

Les explorateurs de l'espace et leurs missions

La liste suivante comprend les noms de ceux qui ont effectué une ou plusieurs orbites autour de la Terre avant janvier 1988. Ceux dont le nom est suivi d'un astérisque (★) sont membres de l'Association des Explorateurs de l'Espace (Association of Space Explorers). Leurs déclarations n'engagent qu'eux personnellement et n'expriment que leurs propres avis. L'inclusion de leurs citations n'implique ni soutien ni critique envers l'Association des Explorateurs de l'Espace ou envers toute autre organisation.

Acton, Loren W.★
États-Unis
Challenger 8, juillet 1985

Axionov, Vladimir V.
URSS
Soyouz 22, septembre 1976
Soyouz T-2, juin 1980

Aldrin, Buzz★
États-Unis
Gemini 12, novembre 1966
Apollo 11, juillet 1969

Alexandrov, Alexander P.★
URSS
Soyouz T-9, juin 1983
Soyouz TM-3, juillet 1987

Allen, Joseph P.
États-Unis
Columbia 5, novembre 1982
Discovery 2, novembre 1984

Al-Saoud, Sultan Bin Salman★
Arabie Saoudite
Discovery 5, juin 1985

Anders, William A.
États-Unis
Apollo 8, décembre 1968

Armstrong, Neil A.
États-Unis
Gemini 8, mars 1966
Apollo 11, juillet 1969

Artyoukhine, Youri
URSS
Soyouz 14, juillet 1974

Atkov, Oleg I.★
URSS
Soyouz T-10, février 1984

Bartoe, John-David F.★
États-Unis
Challenger 8, juillet 1985

Baudry, Patrick★
France
Discovery 5, juin 1985

Bean, Alan L.★
États-Unis
Apollo 12, novembre 1969
Skylab 3, juillet 1973

Beliayev, Pavel
URSS
Voskhod 2, mars 1965

Beregovoy, Georgi★
URSS
Soyouz 3, octobre 1968

Berezovoy, Anatoli M.★
URSS
Soyouz T-5, mai 1982

Bluford, Guion S. Jr
États-Unis
Challenger 3, août 1983
Challenger 9, octobre 1985

Bobko, Karol J., dit « Bo »
États-Unis
Challenger 1, avril 1983
Discovery 4, avril 1985
Atlantis 1, octobre 1985

Bolden, Charles F. Jr
États-Unis
Columbia 7, janvier 1986

Borman, Frank
États-Unis
Gemini 7, décembre 1965
Apollo 8, décembre 1968

Brand, Vance D.
États-Unis
Apollo-Soyouz, juillet 1975
Columbia 5, novembre 1982
Challenger 4, février 1984

Brandenstein, Daniel C.
États-Unis
Challenger 3, août 1983
Discovery 5, juin 1985

Bridges, Roy D. Jr
États-Unis
Challenger 8, juillet 1985

Buchli, James F.
États-Unis
Discovery 3, janvier 1985
Challenger 9, octobre 1985

Bykovski, Valery F.★
URSS
Vostok 5, juin 1963
Soyouz 22, septembre 1976
Soyouz 31, août 1978

Carpenter, M. Scott
États-Unis
Mercury 7, mai 1962

Carr, Gerald P.
États-Unis
Skylab 4, novembre 1973

Cenker, Robert J.
États-Unis
Columbia 7, janvier 1986

Cernan, Eugene A.
États-Unis
Gemini 9, juin 1966
Apollo 10, juin 1969
Apollo 17, décembre 1972

Chang-Diaz, Franklin R.
États-Unis
Columbia 7, janvier 1986

Chrétien, Jean-Loup★
France
Soyouz T-6, juin 1982

Cleave, Mary L.
États-Unis
Discovery 1, août 1984

Coats, Michael L.
États-Unis
Discovery 1, août 1984

Collins, Michael*
États-Unis
Gemini 10, juillet 1966
Apollo 11, juillet 1969

Conrad, Charles Jr, dit « Pete »*
États-Unis
Gemini 5, août 1965
Gemini 11, septembre 1966
Apollo 12, novembre 1969
Skylab 2, mai 1973

Cooper, L. Gordon Jr
États-Unis
Mercury 9, mai 1963
Gemini 5, août 1965

Covey, Richard O.
États-Unis
Discovery 6, août 1985

Creighton, John O.
États-Unis
Discovery 5, juin 1985

Crippen, Robert L.
États-Unis
Columbia 1, avril 1981
Challenger 2, juin 1983
Challenger 5, avril 1984
Challenger 6, octobre 1984

Cunningham, R. Walter*
États-Unis
Apollo 7, octobre 1968

Demine, Lev
URSS
Soyouz 15, août 1974

Djannibekov, Vladimir A.*
URSS
Soyouz 27, janvier 1978
Soyouz 39, mars 1981
Soyouz T-6, juin 1982
Soyouz T-12, juillet 1984
Soyouz T-13, juin 1985

Dobrovolski, Georgi T.
URSS
Soyouz 11, juin 1971

Duke, Charles M. Jr
États-Unis
Apollo 16, avril 1972

Dunbar, Bonnie J.
États-Unis
Challenger 9, octobre 1985

Eisele, Donn F.*
États-Unis
Apollo 7, octobre 1968

Elisseïev, Alexei*
URSS
Soyouz 5, janvier 1969
Soyouz 8, octobre 1969
Soyouz 10, avril 1971

England, Anthony W.
États-Unis
Challenger 8, juillet 1985

Engle, Joe H.
États-Unis
Columbia 2, novembre 1981
Discovery 6, août 1985

Evans, Ronald E.
États-Unis
Apollo 17, décembre 1972

Fabian, John M.*
États-Unis
Challenger 2, juin 1983
Discovery 5, juin 1985

Faris, Mohammed Ahmed
Syrie
Soyouz 36, mai 1980

Farkas, Bertalan*
Hongrie
Soyouz 36, mai 1980

Feoktistov, Constantin P.*
URSS
Voskhod 1, octobre 1964

Filipchenko, Anatoli
URSS
Soyouz 7, octobre 1968
Soyouz 16, décembre 1974

Fisher, Anna L.
États-Unis
Discovery 2, novembre 1984

Fisher, William F.
États-Unis
Discovery 6, août 1985

Fullerton, C. Gordon
États-Unis
Columbia 3, mars 1982
Challenger 9, octobre 1985

Furrer, Reinhard
République fédérale d'Allemagne
Challenger 9, octobre 1985

Gagarine, Youri A.
URSS
Vostok 1, avril 1961

Gardner, Dale A.
États-Unis
Challenger 3, août 1983
Discovery 2, novembre 1984

Garn, Jake
États-Unis
Discovery 4, avril 1985

Garneau, Marc
Canada
Challenger 6, octobre 1984

Garriott, Owen K.
États-Unis
Skylab 3, juillet 1973
Columbia 3, novembre 1973

Gibson, Edward G.
États-Unis
Skylab 4, novembre 1973

Gibson, Robert L., dit « Hoot »
États-Unis
Challenger 4, février 1984
Columbia 7, janvier 1986

Glazkov, Youri N.
URSS
Soyouz 24, février 1977

Glenn, John H. Jr
États-Unis
Mercury 6, février 1962

Gorbatko, Victor
URSS
Soyouz 7, octobre 1969
Soyouz 24, février 1977
Soyouz 37, juillet 1980

Gordon, Richard F. Jr
États-Unis
Gemini 11, septembre 1966
Apollo 12, novembre 1969

Goubarev, Vladimir A.
URSS
Soyouz 17, janvier 1975
Soyouz 28, mars 1978

Gourragcha, Zhougderdemidiyn*
Mongolie
Soyouz 39, mars 1981

Grabe, Ronald J.
États-Unis
*Atlantis 1,*octobre 1985

Gregory, Frederick D.
États-Unis
Challenger 7, avril 1985

Gretchko, Georgi G.*
URSS
Soyouz 17, janvier 1975
Soyouz 26, décembre 1977
Soyouz T-14, septembre 1985

Griggs, S. David
États-Unis
Discovery 4, avril 1985

Grissom, Virgil I., dit « Gus »
États-Unis
Mercury 4, juillet 1961
Gemini 3, mars 1965

Haise, Fred W. Jr
États-Unis
Apollo 13, avril 1970

Hart, Terry J.
États-Unis
Challenger 5, avril 1984

Hartsfield, Henry W. Jr, dit « Hank »
États-Unis
Columbia 4, juin 1982
Discovery 1, août 1984
Challenger 9, octobre 1985

Hauck, Frederick H., dit « Rick »
États-Unis
Challenger 2, juin 1983
Discovery 2, novembre 1984

Hawley, Steven A.
États-Unis
Discovery 1, août 1984
Columbia 7, janvier 1986

Henize, Karl G.*
États-Unis
Challenger 8, juillet 1985

Hermaszewski, Miroslav*
Pologne
Soyouz 30, juin 1978

Hilmers, David C.
États-Unis
Atlantis 1, octobre 1985

Hoffman, Jeffrey A.
États-Unis
Discovery 4, avril 1985

Iegorov, Boris B.
URSS
Voskhod 1, octobre 1964

Irwin, James B.*
États-Unis
Apollo 15, juillet 1971

Ivanchenkov, Alexander S.*
URSS
Soyouz 29, juin 1978
Soyouz T-6, juin 1982

Ivanov, Georgi*
Bulgarie
Soyouz 33, avril 1979

Jähn, Sigmund*
République démocratique d'Allemagne
Soyouz 31, août 1978

Kerwin, Joseph P.
États-Unis
Skylab 2, mai 1973

Khrounov, Yevgueni
URSS
Soyouz 5, janvier 1969

Kizim, Leonid
URSS
Soyouz T-3, novembre 1980
Soyouz T-10, février 1984
Soyouz T-15, mars 1986

Klimouk, Piotr I.*
URSS
Soyouz 13, décembre 1973
Soyouz 18, mai 1975
Soyouz 30, juin 1978

Komarov, Vladimir M.
URSS
Voskhod 1, octobre 1964
Soyouz 1, avril 1967

Koubazov, Valeri*
URSS
Soyouz 6, octobre 1968
Soyouz 19-Epas, juillet 1975
Soyouz 36, mai 1980

Kovalyonok, Vladimir V.
URSS
Soyouz 25, octobre 1977
Soyouz 29, juin 1978
Soyouz T-4, mars 1981

Laveykine, Alexander I.
URSS
Soyouz TM-2, février 1987

Lazarev, V.G.
URSS
Soyouz 13, décembre 1973
Soyouz 18-1, avril 1975

Lebedev, Valentin V.
URSS
Soyouz 13, décembre 1973
Soyouz T-5, mai 1982

Leestma, David C.
États-Unis
Challenger 6, octobre 1984

Lenoir, William B.
États-Unis
Columbia 5, novembre 1982

Leonov, Alexei A.★
URSS
Voskhod 2, mars 1965
Soyouz 19-Epas, juillet 1975

Lichtenberg, Byron★
États-Unis
Columbia 6, novembre 1983

Lind, Donald L.
États-Unis
Challenger 7, avril 1985

Lounge, Michael
États-Unis
Discovery 6, août 1985

Lousma, Jack R.
États-Unis
Skylab 3, juillet 1973
Columbia 3, mars 1982

Lovell, James A. Jr
États-Unis
Gemini 7, décembre 1965
Gemini 12, novembre 1966
Apollo 8, décembre 1968
Apollo 13, avril 1970

Lucid, Shannon W.
États-Unis
Discovery 5, juin 1985

Lyakhov, Vladimir A.★
URSS
Soyouz 32, février 1979
Soyouz T-9, juin 1983

Makarov, Oleg G.★
URSS
Soyouz 12, septembre 1973
Soyouz 18-1, avril 1975
Soyouz 27, janvier 1978
Soyouz T-3, novembre 1980

Malyshev, Youri V.
URSS
Soyouz T-2, juin 1980
Soyouz T-11, avril 1984

Mattingly, Ken
États-Unis
Apollo 16, avril 1972
Columbia 4, juin 1982
Discovery 3, janvier 1985

McBride, Jon A.
États-Unis
Challenger 6, octobre 1984

McCandless, Bruce
États-Unis
Gemini 4, juin 1965
Apollo 9, mars 1969

McDivitt, James A.
États-Unis
Gemini 4, juin 1965
Apollo 9, mars 1969

McNair, Ronald E.
États-Unis
Challenger 4, février 1984
Challenger 10, janvier 1986

Messerschmid, Ernst★
République fédérale d'Allemagne
Challenger 9, octobre 1985

Mitchell, Edgar D.★
États-Unis
Apollo 14, janvier 1971

Mullane, Michael
États-Unis
Discovery 1, août 1984

Musgrave, F. Story
États-Unis
Challenger 1, avril 1983
Challenger 8, juillet 1985

Nagel, Steven R.
États-Unis
Discovery 5, juin 1985
Challenger 9, octobre 1985

Nelson, Bill
États-Unis
Columbia 7, janvier 1986

Nelson, George D., dit « Pinky »
États-Unis
Challenger 5, avril 1984
Columbia 7, janvier 1986

Neri-Vela, Rodolfo★
Mexique
Atlantis 2, novembre 1985

Nikolaïev, Andrian G.
URSS
Vostok 3, août 1962
Soyouz 9, juin 1970

O'Connor, Bryan D.
États-Unis
Atlantis 2, novembre 1985

Ockels, Wubbo J.★
Pays-Bas
Columbia 7, octobre 1985

Onizuka, Ellison S.
États-Unis
Discovery 3, janvier 1985
Challenger 10, janvier 1986

Overmyer, Robert F.★
États-Unis
Columbia 5, novembre 1982
Challenger 7, avril 1985

Pailes, William A.
États-Unis
Columbia 6, novembre 1983

Parker, Robert A.
États-Unis
Columbia 6, novembre 1983

Patsaïev, Victor I.
URSS
Soyouz 11, juin 1971

Payton, Gary
États-Unis
Discovery 3, janvier 1985

Peterson, Donald H.
États-Unis
Challenger 1, avril 1983

Pham, Tuan★
Viêt-nam
Soyouz 37, juillet 1980

Pogue, William R.
États-Unis
Skylab 4, novembre 1973

Popov, Leonid★
URSS
Soyouz 35, avril 1980
Soyouz 40, mai 1981
Soyouz T-7, août 1982

Popovitch, Pavel R.
URSS
Vostok 4, août 1962
Soyouz 14, juillet 1974

Prunariu, Dumitru★
Roumanie
Soyouz 40, mai 1981

Remek, Vladimir★
Tchécoslovaquie
Soyouz 28, mars 1978

Resnik, Judith A.
États-Unis
Discovery 1, août 1984
Challenger 10, janvier 1986

Ride, Sally K.
États-Unis
Challenger 2, juin 1983
Challenger 6, octobre 1984

Rodjestvenski, V.I.★
URSS
Soyouz 23, octobre 1976

Romanenko, Youri V.
URSS
Soyouz 26, décembre 1977
Soyouz 38, septembre 1980
Soyouz TM-2, février 1987

Roosa, Stuart A.
États-Unis
Apollo 14, janvier 1971

Ross, Jerry L.
États-Unis
Atlantis 2, novembre 1985

Roukavishnikov, Nikolaï I.★
URSS
Soyouz 10, avril 1971
Soyouz 16, décembre 1974
Soyouz 33, avril 1979

Ryoumine, Valery V.
URSS
Soyouz 25, octobre 1977
Soyouz 32, février 1979
Soyouz 35, avril 1980

Sarafanov, G.V.
URSS
Soyouz 15, août 1974

Savinykh, Victor P.
URSS
Soyouz T-4, mars 1981
Soyouz T-13, juin 1985

Savitskaya, Svetlana E.
URSS
Soyouz T-7, août 1982
Soyouz T-12, juillet 1984

Schirra, Walter M. Jr
États-Unis
Mercury 8, octobre 1962
Gemini 6A, décembre 1965
Apollo 7, octobre 1968

Schmitt, Harrison H., dit « Jack »
États-Unis
Apollo 17, décembre 1972

Schweickart, Russell L., dit « Rusty »★
États-Unis
Apollo 9, mars 1969

Scobee, Francis R., dit « Dick »
États-Unis
Challenger 5, avril 1984
Challenger 10, janvier 1986

Scott, David R.
États-Unis
Gemini 8, mars 1966
Apollo 9, mars 1969
Apollo 15, juillet 1971

Scully-Power, Paul D.
États-Unis
Challenger 6, octobre 1984

Sebastianov, Vitaly
URSS
Soyouz 9, juin 1970
Soyouz 18, mai 1975

Seddon, Margaret Rhea
États-Unis
Discovery 4, avril 1985

Serebrov, Alexander A.
URSS
Soyouz T-7, août 1982
Soyouz T-8, avril 1983

Sharma, Rakesh
Inde
Soyouz T-11, avril 1984

Shatalov, Vladimir
URSS
Soyouz 4, janvier 1969
Soyouz 8, octobre 1969
Soyouz 10, avril 1971

Shaw, Brewster H. Jr
États-Unis
Columbia 6, novembre 1983
Atlantis 2, novembre 1985

Shepard, Alan B. Jr
États-Unis
Mercury 3, mai 1961
Apollo 14, janvier 1971

Shonine, Georgi
URSS
Soyouz 6, octobre 1969

Shriver, Loren J.
États-Unis
Discovery 3, janvier 1985

Slayton, Donald K.
États-Unis
Discovery-Soyouz, juillet 1975

Soloviev, Vladimir A.*
URSS
Soyouz T-10, février 1984
Soyouz T-15, mars 1986

Spring, Sherwood C.
États-Unis
Atlantis 2, novembre 1985

Stafford, Thomas P.*
États-Unis
Gemini 6A, décembre 1965
Gemini 9A, juin 1966
Apollo 10, mai 1969
Apollo-Soyouz, juillet 1975

Stewart, Robert L.
États-Unis
Challenger 4, février 1984
Atlantis 1, octobre 1985

Strekalov, Guennadi M.*
URSS
Soyouz T-3, novembre 1980
Soyouz T-8, avril 1983
Soyouz T-10-1, avril 1983
Soyouz T-11, avril 1984

Sullivan, Kathryn D.
États-Unis
Challenger 6, octobre 1984

Swigert, John L. Jr
Etats-Unis
Apollo 13, avril 1970

Tamayo, Arnaldo Mendez*
Cuba
Soyouz 38, septembre 1980

Tereshkova, Valentina V.
URSS
Vostok 6, juin 1963

Thagard, Norman E.
États-Unis
Challenger 2, juin 1983
Challenger 7, avril 1985

Thornton, William E.
Etats-Unis
Challenger 3, août 1983
Challenger 7, avril 1985

Titov, Gherman S.
URSS
Vostok 2, août 1961

Titov, Vladimir G.
URSS
Soyouz T-8, avril 1983
Soyouz T-10-1, septembre 1983

Truly, Richard H.
États-Unis
Columbia 2, novembre 1981
Challenger 3, août 1983

Van den Berg, Lodewijk
États-Unis
Challenger 7, avril 1985

Van Hofton, James D.
États-Unis
Challenger 5, avril 1984
Discovery 6, août 1985

Vazioutine, Vladimir V.
URSS
Soyouz T-14, septembre 1985

Viktorenko, Alexander S.*
URSS
Soyouz TM-3, juillet 1987

Volk, Igor P.
URSS
Soyouz T-12, juillet 1984

Volkov, Alexander A.
URSS
Soyouz T-14, septembre 1985

Volkov, Vladislav
URSS
Soyouz 7, octobre 1969
Soyouz 11, juin 1971

Volynov, Boris
URSS
Soyouz 5, janvier 1969
Soyouz 21, juillet 1976

Walker, Charles D.*
États-Unis
Discovery 1, août 1984
Discovery 4, avril 1985
Atlantis 2, novembre 1985

Walker, David M.
États-Unis
Discovery 2, novembre 1984

Wang, Taylor G.*
États-Unis
Challenger 7, avril 1985

Weitz, Paul J.
États-Unis
Skylab 2, mai 1973
Challenger 1, avril 1983

White, Edward H.
États-Unis
Gemini 4, juin 1965

Williams, Donald E.
États-Unis
Discovery 4, avril 1985

Worden, Alfred M.
États-Unis
Apollo 15, juillet 1971

Young, John W.
États-Unis
Gemini 3, mars 1965
Gemini 10, juillet 1966
Apollo 10, mai 1969
Apollo 16, avril 1972
Columbia 1, avril 1981
Columbia 6, novembre 1983

Zholobov, Vitaly M.
URSS
Soyouz 21, juillet 1976

Zoudov, Viacheslav D.
URSS
Soyouz 23, octobre 1976

Sources des citations

Page 23 Fourni par Reinhard Furrer.

Les préparatifs

Page 24 Thomas Levenson, *The heart remains on Earth*, Discover, février 1985. Copyright 1987 Family Media.

Page 26 haut Fourni par Alexander Volkov.

Page 26 bas Avec l'autorisation de Micky Remann. Dialogue entre Birgit Remann et Dimitri Prunariu, Budapest, automne 1986.

Page 28 Avec l'autorisation de Al Reinert. Interview de James Irwin, Colorado Springs, 1982.

Page 29 bas Fourni par John H. Glenn Jr.

Page 29 haut Avec l'autorisation de Al Reinert. Interview de James Irwin, Colorado Springs, 1982.

Page 31 haut Fourni par John H. Glenn Jr.

Page 31 bas Avec l'autorisation de Al Reinert. Interview de James Irwin, Colorado Springs, 1982.

Page 33 Valery Ryoumine, *Half a year away from Earth*, Soviet Life, avril 1981, p. 31.

Page 34 bas Avec l'autorisation de Al Reinert. Interview de Ken Mattingly, Houston, 1979.

Page 34 haut Fourni par Zhugderdemidiyn Gurragcha.

Page 36 Joseph Allen, *Joe's Odyssey*, Omni, juin 1983, p. 114. Copyright 1983 Joseph Allen. Repris avec l'autorisation de Omni Publications International Ltd.

Page 39 Fourni par Jeffrey Hoffman, extrait de son livre *An astronaut's diary*, Montclair, New Jersey, Caliban Press, 1985.

Page 41 Fourni par Miroslav Hermaszewski.

Page 43 haut Gracieusement fourni par Frontline, d'après l'émission de télévision *The real stuff*, 27 janvier 1987.

Page 43 bas Fourni par Joseph Allen, d'après son article *Taking the high road*, Air and Space Magazine, février-mars 1987, pp. 8-9.

Page 44 haut Fourni par Valery Koubazov.

Page 44 bas Fourni par Anatoli Berezovoy.

Page 46 Extrait de Time, 19 mai 1986, *Man in space*. Copyright 1986 Time Inc.

Page 49 Fourni par Charles Walker.

Page 50 Virgil « Gus » Grissom, *Gemini : A personal account of man's venture into space*. Copyright 1968 World Book Encyclopaedia Science Service Inc.

Page 53 Avec l'autorisation de Micky Remann. Interview de Loren Acton, San Francisco, septembre 1986.

Trois pas dans l'espace

Page 54 Gracieusement fourni par Frontline, d'après l'émission de télévision *The real stuff*, 27 janvier 1987.

Page 56 Fourni par Alexei Ielisseïev.

Page 57 Interview de Alexei Leonov, 18 mars 1987, Zvyozdny Gorodok. Avec l'autorisation de Michael Woods, éditeur du *Toledo Blade*.

Page 58 Alexei Leonov, *No psychological barriers*, Soviet Life, juin 1965.

Page 59 Interview de Alexei Leonov, 18 mars 1987, Zvyozdny Gorodok. Avec l'autorisation de Michael Woods, éditeur du *Toledo Blade*.

Page 60 *Space Explorer's Poll*, Soviet Life, août 1969, p. 6.

Page 62 Fourni par Georgi Gretchko.

Page 63 haut Fourni par Eugene Cernan.

Page 63 bas Thomas Levenson, *The heart remains on Earth*, Discover, février 1985. Copyright 1987 Family Media.

Page 64 haut William R. Pogue, *How do you go to the bathroom in space ?* Copyright 1985 William R. Pogue, A Tor Book.

Page 64 bas Avec l'autorisation de Al Reinert. Interview de Charles Duke, New Braunfels, Texas, 1982.

Page 65 B.J. Bluth et Martha Helppie, *Lyakhov and Aleksandrovin Baikonour : arrival and initial medical checkup*, 3 décembre 1987, Soviet Space Stations as Analogs, p. 11-46.

Page 67 Valery Ryoumine, *175 days in space : A Russian cosmonaut's private diary and an incredible human document*, p. 15. Avec l'autorisation de Henry Gris.

Page 68 Joseph Allen, *Joe's Odyssey*, Omni, juin 1983, p. 63. Copyright 1983 Joseph Allen. Repris avec l'autorisation de Omni Publications International Ltd.

Page 69 Fourni par Alexander Volkov.

Page 70 Fourni par Vladimir Vazyoutine.

Page 71 Joseph Allen, *Joe's Odyssey*, Omni, juin 1983, p. 63. Copyright 1983 Joseph Allen. Repris avec l'autorisation de Omni Publications International Ltd.

Page 72 Fourni par Alexander Ivanchenkov.

Page 73 Fourni par Vladimir Remek.

Page 74 William R. Pogue, *How do you go to the bathroom in space ?* Copyright 1985 William R. Pogue, A Tor Book.

Page 76 haut Fourni par Charles Walker.

Page 76 bas Copyright 1976 Henry S.F. Cooper Jr. Extrait de *A house in space*, Holt, Rinehart and Winston.

Page 77 Fourni par Vladimir Shatalov.

Au clair de la Lune

Page 80 haut Avec l'autorisation de Al Reinert. Interview de James Irwin, Colorado Springs, 1982.

Page 80 bas Avec l'autorisation de Al Reinert. Interview de James Lovell, Houston, 1982.

Page 81 Buzz Aldrin et Wayne Warga, *Return to Earth*, Random House, New York, 1973, p. 222.

Page 82 Avec l'autorisation de Al Reinert. Interview de James Irwin, Colorado Springs, 1982.

Page 82 James B. Irwin et William A. Emerson Jr, *To rule the night*. Copyright 1973 et 1982 James B. Irwin et William A. Emerson. Avec l'accord de Broadman Press.

Page 84 Avec l'autorisation de Al Reinert. Interview de Edgar Mitchell, West Palm Beach, 1981.

Page 85 Avec l'autorisation de Al Reinert. Interview de Michael Collins, Washington, 1981.

Page 86 gauche Avec l'autorisation de Al Reinert. Interview de Michael Collins, Washington, 1981.

Page 86 haut Avec l'autorisation de Al Reinert. Interview de Ken Mattingly, Houston, 1979.

Page 86 bas Avec l'autorisation de Al Reinert. Interview de Michael Collins, Washington, 1981.

Page 88 Brochure de l'Institut des sciences noétiques, 1973.

Page 90 Avec l'autorisation de Al Reinert. Interview de James Irwin, Colorado Springs, 1982.

Page 92 Fourni par Ronald Evans, d'après son récit *Recollections of an unique Earth View*, Apollo 17.

Page 93 Avec l'autorisation de Al Reinert. Interview de Alan Bean, Houston, 1981.

Page 94 haut Avec l'autorisation de Al Reinert. Interview de Alan Bean, Houston, 1981.

Page 94 bas Fourni par Alfred Worden, d'après son livre *Hello Earth, Greetings from Endeavour*, Los Angeles, Nash Publishing Company.

Page 94 centre Fourni par Edgard Mitchell, d'après son discours *Consciousness : the ultimate enigma*, Albert Schmitt Lecture, Université Notre-Dame, 16 novembre 1972.

Page 97 Avec l'autorisation de Al Reinert. Interview de Eugene Cernan, Houston, 1981 et 1982.

Page 99 Avec l'autorisation de Al Reinert. Interview de Michael Collins, Washington, 1981.

Page 101 Avec l'autorisation de Al Reinert. Interview de Charles Duke, New Braunfels, Texas, 1982.

Page 102 Conférence de presse de l'équipage d'*Apollo 10*, Appolo News Center, Houston, 7 juin 1969.

Les observations

Page 104 bas Fourni par Pavel Popovitch.

Page 104 haut Fourni par Igor Volk.

Page 107 Fourni par Ulf Merbold.

Page 108 Joseph Allen, *Joe's Odyssey*, Omni, juin 1983, p. 63. Copyroght 1983 Joseph Allen. Repris avec l'autorisation de Omni Publications International Ltd.

Page 109 Fourni par Taylor Wang.

Page 110 gauche Fourni par Youri Romanenko.

Page 110 droite Valery Ryoumine, *175 days in space : a Russian cosmonaut's private diary and an incredible human document*, pp. 10-11. Avec l'autorisation de Henry Gris.

Page 113 Fourni par Patrick Baudry.

Page 115 Copyright 1976 Henry S.F. Cooper Jr. Extrait de *A house in space*, Holt, Rinehart and Winston.

Page 116 John E. Oberg et Alestis R. Oberg, *Pioneering space*, c/o Richard Curtis Associates, New York, 1986.

Page 117 haut Copyright 1876 Henry S.F. Cooper Jr. Extrait de *A house in space*, Holt, Rinehart and Winston.

Page 117 bas Copyright 1976 Henry S.F. Cooper Jr. Extrait de *A house in space*, Holt, Rinehart and Winston.

Page 118 Fourni par Robert Cenker.

Page 120 Fourni par Lev Demin.

Page 121 Fourni par Dimitri Prunariau.

Page 122 Fourni par Youri Artyoukhine.

Page 123 Avec l'autorisation de Micky Remann. Interview de Ernst Messerschmid, Budapest, automne 1986.

Page 124 Fourni par Karl Henize.

Page 125 Fourni par Marc Garneau.

Page 126 Fourni par Karl Henize.

Page 129 Avec l'autorisation de Micky Remann. Interview de Robert Overmyer, Budapest, automne 1986.

Page 130 Robert L. Crippen et John W. Young, *Our phenomenal first flight*, National Geographic, octobre 1981, p. 494.

Page 131 haut Fourni par Vladimir Kovalyonok.

Page 131 bas Fourni par Mohammed Ahmed Faris.

Page 132 Fourni par Valentin Lebedev.

Page 134 haut Copyright 1976 Henry S.F. Cooper Jr. Extrait de *A house in space*, Holt, Rinehart and Winston.

Page 134 bas Fourni par Byron Lichtenberg.

Page 136 Fourni par Rakesh Sharma.

Page 137 Fourni par Jean-Loup Chrétien.

Page 138 Fourni par Sultan Ben Salman al-Saoud.

Page 140 haut Fourni par Rodolfo Neri-Vela.

Page 140 bas Fourni par Bertalan Farkas.

Page 141 haut Fourni par Loren Acton.

Page 141 bas Fourni par Youri Glazkov.

Page 143 haut Fourni par Pham Tuan.

Page 143 bas Fourni par John-David Bartoe.

Page 145 Fourni par Boris Volynov.

Les stations spatiales

Page 146 Fourni par Georgi Ivanov.

Page 148 Fourni par Victor Gorbatko.

Page 149 Valery Ryoumine, *Six months above the planet*, p. 1. Avec l'autorisation de Henry Gris. Valery Ryoumine, *Half a year away from Earth*, Soviet Life, avril 1981, p. 31.

Page 150 Fourni par Georgi Beregovoy.

Page 151 Fourni par Andrian Nikolaïev.

Page 152 haut Fourni par Victor Savinykh.

Page 152 bas Fourni par Vladimir Djannibekov.

Page 153 haut Fourni par Vladimir Djannibekov.

Page 153 bas Fourni par Victor Savinykh.

Page 156 haut Fourni par Vladimir Kovalyonok.

Page 156 bas Fourni par Vladimir Lyakhov.

Page 157 Valery Ryoumine, *175 days in space : a Russian cosmonaut's diary and an incredible human document*, p. 1. Avec l'autorisation de Henry Gris.

Page 158 John E. Oberg et Alestis R. Oberg, *Pioneering space*, c/o Richard Curtis Associates, New York, 1986.

Page 159 Fourni par Valery Koubazov.

Page 160 V. Gorkoy et N. Konkov, *Cosmonaut Berezovoy's memoirs on 211-day spaceflight*, Aviatsiya I Kosmonavtika 7, 8 et 9, juillet, août et septembre 1983.

Page 162 Fourni par Vitali Sebastianov.

Page 163 V. Goubarev, *Five months into the flight : Berezovoy and Lebedev comment on five months in space*, Pravda, 13 octobre 1982, p. 4.

Page 164 Avec l'autorisation de Micky Remann. Interview de Oleg Makarov, Budapest, automne 1986.

Page 166 Fourni par Youri Artyoukhine.

Page 167 Fourni par Vitali Sebastianov.

Page 168 V. Gorkoy et N. Konkov, *Cosmonaut Berezovoy's memoirs on 211-day spaceflight*, Aviatsiya I Kosmonavtika 7, 8 et 9, juillet, août et septembre 1983.

Page 170 Thomas Levenson, *The heart remains on Earth*, Discover, février 1985. Copyright 1987 Family Media.

Page 171 Fourni par Georgi Gretchko.

Page 173 Fourni par Vitali Zholobov.

Page 175 V. Gorkoy et N. Konkov, *Cosmonaut Berezovoy's memoirs on 211-day spaceflight*, Aviatsiya I Kosmonavtika 7, 8 et 9, juillet, août et septembre 1983.

Page 176 Fourni par Alexander Alexandrov.

Page 179 haut Fourni par Piotr Klimouk.

Page 179 bas John E. Oberg et Alestis R. Oberg, *Pioneering space*, c/o Richard Curtis Associates, New York, 1986.

Page 179 bas Fourni par Leonid Kizim.

Page 181 Fourni par Arnaldo Tamayo Mendez.

Page 182 haut Fourni par Anatoli Berezovoy.

Page 182 gauche V. Zubkov, *I and my comrade : post-flight interview with Berezovoy et Lebedev*, Sotsialisticheskaya Industriya 26, décembre 1982, p. 4.

Page 183 Fourni par Valery Koubazov.

Page 184 Fourni par Vitali Sebastianov.

Page 186 Thomas Levenson, *The heart remains on Earth*, Discover, février 1985. Copyright 1987 Family Media.

Page 187 Fourni par Oleg Atkov.

Page 188 Fourni par Alexander Laveykhine.

Page 191 haut Fourni par Svetlana Savitskaya.

Page 191 bas Soumis par Alexander Viktorenko.

Page 192 Valery Ryoumine, *175 days in space : a Russian cosmonaut's private diary and an incredible human document*, pp. 1. Avec l'autorisation de Henry Gris.

Page 193 V. Gorkoy et N. Konkov, *Cosmonaut Berezovoy's memoirs on 211-day spaceflight*, Aviatsiya I Kosmonavtika 7, 8 et 9, juillet, août et septembre 1983.

Page 194 Soumis par Gordon Fullerton.

Page 195 Fourni par Lev Demin.

Page 196 Valery Ryoumine, *175 days in space : a Russian cosmonaut's private diary and an incredible human document*, p. 18. Avec l'autorisation de Henry Gris.

Page 199 Fourni par Wubbo Ockels.

Page 200 haut Fourni par Andrian Nikolaïev.

Page 200 bas Fourni par Georgi Shonine.

Quelques réflexions

Page 204 Avec l'autorisation de Al Reinert. Interview de James Irwin, Colorado Springs, 1982.

Page 205 Fourni par Thomas Stafford.

Page 206 Avec l'autorisation de Al Reinert. Interview de Edgar Mitchell, West Palm Beach, 1981.

Page 209 Fourni par Vladimir Soloviev.

Page 210 William Stockton et John Noble Wilford, *Space and the american vision*, The New York Times Magazine, 5 avril 1981. Copyright 1981 The New York Times Company.

Page 213 Fourni par Youri Glazkov.

Page 214 Fourni par John H. Glenn Jr.

Page 215 Fourni par Edgar Mitchell.

Page 216 haut Avec l'autorisation de Stanley Rosen. Interview de Edgar Mitchell, Palo Alto, Californie, juillet 1974.

Page 216 bas Fourni par Edgar Mitchell.

Page 218 haut Avec l'autorisation de Al Reinert. Interview de Eugene Cernan, Houston, 1981 et 1982.

Page 218 bas Fourni par Donald Williams.

Page 219 Fourni par Vladimir Shatalov.

Page 220 Fourni par Sigmund Jähn.

Page 222 Fourni par Robert Cenker.

Pages 226-227 Fourni par Russell Schweickart.

Page 233 Fourni par Youri Gagarine.

Remerciements

Le contenu de cet ouvrage s'est étoffé au gré des données fournies par une famille internationale de personnes dévouées et talentueuses, avec qui ce fut un privilège de travailler.

Je tiens en premier lieu à exprimer toute ma gratitude envers tous les astronautes et cosmonautes qui ont accepté de collaborer, en dépit des charges écrasantes de leur métier. Ainsi, Youri Romanenko et Alexander Alexandrov se trouvaient en orbite lors de la préparation de ce texte. Absorbés par les tâches innombrables d'une mission longue et ardue, ils ont pourtant pris le temps de nous transmettre leurs observations.

Dès le début, Alan Gump, Paul et Barbara Kayfetz, Michael Lerner, Lisa O'Malley, Joseph Miller, Don et Martha Rosenthal, Marion et Warren Weber ont apporté encouragements et soutien. Alan et Don, en particulier, furent mes guides fidèles dans le labyrinthe de la conception et du développement.

Des remerciements tout particuliers vont à l'*Institut des Sciences noétiques* de Sausalito (Californie), dont le parrainage fut essentiel pour la réussite du projet. Organisation vouée au déchiffrement de la nature de la conscience et des relations existant entre notre corps et l'esprit (« l'espace intérieur »), cet Institut, aux membres dispersés aux quatre coins du monde, a été créé par l'astronaute Edgar Mitchell, l'un des co-fondateurs de l'*Association des Explorateurs de l'Espace* (ASE). Engagées dans l'étude de l'univers des guérisons et de la santé, ainsi que dans l'exploration des parties les plus reculées de la nature humaine, les sciences de l'intelligence (dites sciences noétiques) œuvrent pour un futur positif. Grâces soient donc rendues à Wink Franklin, son directeur, et au conseil d'administration de l'Institut, pour leur assistance et leur engagement dans la création de cet ouvrage.

Oleg Makarov et Byron Lichtenberg, tous deux membres de l'*Association des Explorateurs de l'Espace*, méritent notre gratitude pour cette foi, cet enthousiasme et cette ardeur au travail qui ont assuré le succès de notre entreprise. L'aide fournie par Rusty Schweickart a touché à la générosité : c'est par son ordinateur personnel qu'il nous a été donné de communiquer en direct avec les astronautes et les cosmonautes. Je tiens à exprimer toute ma gratitude à Loren Alton, dont l'enthousiasme, la clairvoyance et les sages conseils nous ont permis de contourner nombre d'obstacles. Merci aussi à Evelyn Acton pour son courage et sa patience, ainsi qu'à Alain Kelly, expert en communications de l'ASE. Je suis particulièrement reconnaissant à Ted Everts, directeur administratif de l'Association, pour la vivacité de son esprit, pour l'aide qu'il nous a obligeamment offerte, et pour avoir supporté le poids de notre travail.

Au cours de l'élaboration de ce projet, j'ai eu le privilège de rencontrer des êtres hors du commun, qui m'ont fait partager leurs vues et leurs ambitions. La communion d'idées qui a façonné cet ouvrage a remodelé de la même manière ma personnalité. J'ai eu la faveur de travailler avec le lieutenant-colonel Stanley Rosen, responsable principal de la planification à long terme à l'Air Force Space Division, et avec le cinéaste Al Reinert. Ils ont tous deux été aussi généreux dans la distribution des informations que dans les manifestations d'enthousiasme et d'encouragement. La vie et l'œuvre du capitaine Jacques-Yves Cousteau n'ont cessé d'être pour moi sources d'inspiration. Je tiens à lui exprimer toute ma gratitude pour les précieuses remarques qu'il a émises après une première lecture du manuscrit, et pour sa participation à l'élaboration de cet ouvrage.

J'ai, de la même manière, une dette envers B.J. Bluth et Martha Helppie pour leur documentation concernant les expériences vécues par les astronautes dans l'espace, qu'ils ont recueillies; envers James Oberg pour la diffusion de son vaste stock d'informations; et envers Henry Gris pour les efforts qu'il a accomplis pour le compte de cet ouvrage. Je tiens à remercier Roberta Cairney et Christopher Thorness, dont les conseils ont sans cesse aiguillonné le projet, ainsi que Michael Broffman et Jay Rice pour l'aide qu'ils ont prodiguée sans compter.

Richard Underwood est sans doute le guide le mieux informé qui soit du monde, vaste et complexe, de la photographie spatiale; il a été pour moi une source perpétuelle d'aide et d'inspiration. Il me faut étendre mes remerciements à tous les membres du centre spatial de la NASA à Houston, pour leur professionalisme et leur solidarité, particulièrement à Doug Ward et Bill Robbins (Relations publiques), ainsi qu'à John Holland du Département technique, qui m'a ouvert l'accès à la totalité des archives photographiques de la NASA. Pour l'aide qu'ils m'ont apportée dans la recherche des meilleures images de la NASA — ces photos extraordinaires qui figurent dans cet ouvrage — je tiens à exprimer ma gratitude à Mike Gentry, Lisa Vasquez, Eileen Walsh, Cynthia Leos et Carolyn Fields, tous membres de Media Services, à Barry Schroder de Technicolor Graphic Services, ainsi qu'à Charles Shrimplin, Richard Tousignant, Terry Slezak, Barney Corbin et Johnny Salinas, tous techniciens et imagistes. Des remerciements tout particuliers vont à Jon Schneeburger, responsable des illustrations du périodique édité par la *National Geographic Society*, et à Rose Aiello, bibliothécaire au département photographique du *Centre d'Études de la Terre et des planètes* du Musée de l'Air et de l'Espace à Washington, dont l'aide de dernière minute dans l'acquisition des images fut déterminante.

J'ai une dette importante envers cette équipe de professionnels avertis qui a assuré la réalisation pratique de cet ouvrage. Ma plus profonde gratitude va à Bruce Dearborn, Connie Hoshor, Candace Wyatt, ces collaborateurs fidèles à la bonne humeur inébranlable, piliers de notre motivation. Ces personnes ont mené à bien, et dans les délais impartis, toutes les tâches qui leur étaient imposées, en coordonnant un monde de détails complexe et confondant l'imagination. Ce livre doit beaucoup à leur talent.

Il faut attribuer ces mêmes mérites à Debbie Morrison, Joan Bertsch et à Lila Phillips (Fineline Office Services), comme à Mary Bruce, Susan Goldhaber, Patrice Daley, Gail Moss, Nancy Rhine, Meg Simmons, Joel Kramer, Tim Gates et Denise Feldman, Jim Anderson, Ken et Sarah Masterton, Bird Brother, Jenny Ulrich, Beth Clymer, Lara Braun, Doug Perrin, Jenny Cliner et le Faulkner's Color Lab.

Ma plus sincère gratitude va bien sûr à la maison d'édition Addison-Wesley. Je tiens à citer ici quelques-uns de ses membres, dont l'aide me fut particulièrement précieuse : Ann Dilworth, vice-présidente; David Miller, éditeur; George Gibon, directeur du service commercial; Carolyn Savares, aux *Droits subsidiaires;* Robert Shepard, au département des marchés spéciaux; Lori Foley, à la production; Diane Hovenesian, à la publicité et John Bell, assistant de rédaction.

Stuart Miller, l'éditeur d'Addison-Wesley responsable des ouvrages proposés sur la côte ouest des États-Unis, a assuré de façon parfaite le lien entre sa société et les auteurs du projet. Jane Isay, directeur de rédaction, a eu la tâche ingrate de m'initier aux exigences de l'édition. Je suis particulièrement reconnaissant à William Patrick, mon éditeur chez Addison-Wesley, dont les extraordinaires talents d'écrivain ont assuré la précision et la grâce du texte, ainsi qu'à Douglass Scott pour l'élégance de sa présentation graphique.

D'autres personnalités du monde du livre m'ont abreuvé de conseils sages et pertinents; ce sont les éditeurs Don McQuiston, de McQuiston & Daughter, Rick Smullen et David Cohen de Collins Publishing Co., Andy Stewart de Stewart, Tabori et Chang, Ken Coburn (agent d'imprimerie chez Interprint), et le concepteur James Stockton. Les remarques paternelles de l'expert en édition Martin Levin m'ont poussé à la découverte de ma propre personnalité. L'éditeur Jon Beckmann, du Sierra Club, n'a ménagé ni son talent, ni ses conseils, tout comme l'écrivain Peter Caroll et les éditeurs Micky Remann et John Robbins. Tous méritent mes plus sincères remerciements. L'aide supplémentaire apportée dans la publication de l'ouvrage par Charles Fox et Doris Ober me fut fort précieuse.

Une mention spéciale doit être décernée à Carol Dennison pour les remarques constructives et les encouragements qu'elle n'a cessé de nous prodiguer tout au long de cette entreprise.

Plus qu'à tout autre, je suis redevable à Brad Brunnin, chargé des négociations et des intérêts financiers, qui est devenu le véritable gardien de ce livre. Sa sagacité et sa diplomatie en ont fait un conseiller de confiance, dans le vrai sens du terme.

Parmi les membres de la famille internationale qui a assuré le soutien logistique de cet œuvre, je citerai le cosmonaute Sigmund Jähn, l'astronaute Wubbo Ockels et l'Agence Spatiale Française, ainsi que le docteur Roger Bonnet, directeur à l'Agence Spatiale Européenne.

Parce que le sujet de ce livre dépasse le cadre des frontières politiques, j'ai dû m'aventurer hors de mon propre pays. À cet égard, l'assistance apportée par le sénateur Claiborne Pell et par Scott Jones fut exemplaire, comme le fut celle fournie par Viktor Kamenev et Sergei Aivazian, respectivement consul et vice-consul au consulat soviétique de San Francisco, et par Oleg Benyukh, chef du service d'informations de l'ambassade de l'URSS à Washington.

D'autres collaborateurs ont servi d'intermédiaires entre mes collègues soviétiques et moi-même : travaillant chez Moscow Teleport, Joel et Diane Schatz, de San Francisco, ont assuré les télécommunications par ligne directe entre l'agence *Mir*, Addison-Wesley et moi; Henry Dakin, Cindy Spoor et les autres associés talentueux de Henry Dakin & Co., ont droit à toute mon admiration pour leur volonté d'améliorer la compréhension entre nos deux nations; le docteur Andrei Voronkov, chercheur principal à l'*Institut des États-Unis et du Canada* de l'Académie des Sciences et à Jan Butler, traducteurs. Je dois beaucoup à Natasha Ward et à Tanya Khotin pour leur travail de traduction et d'interprétation, comme à Anya Kucherova, du Service d'Information américain à Moscou, et à Tom Jenkins, de l'agence Newgate Travel.

Je n'oublie pas l'amicale assistance de l'agence soviétique de *Time Life*, qui a joué le rôle de courrier entre *Mir*, Addison-Wesley et moi-même.

En URSS, j'ai bénéficié de l'hospitalité et de la bonne volonté de personnalités hors du commun. Je tiens à exprimer toute ma gratitude au cosmonaute Alexei Leonov pour avoir présenté notre délégation aux occupants de la Cité des Étoiles, à Mikhaïl Nenashev, président du Comité d'État pour la Publication et le Commerce du Livre, à Dimitri Mamleyev, premier supplément à la présidence de ce Comité. J'ai particulièrement apprécié les efforts du chargé des relations publiques, Tankrid Golonpolsky, prompt à déployer des trésors de diplomatie pour nous aider dans notre projet.

Mes remerciements les plus sincères vont à nos hôtes, Andreï Kokoshin, directeur suppléant de l'*Institut des États-Unis et du Canada*, à la prestigieuse Académie des Sciences de l'URSS, à Youri A. Oushanov, docteur en philosophie, et à Sergei Pouzanov, tous deux chercheurs principaux à cet Institut, et enfin à A. Rexinin, du service du protocole du Comité d'État pour la Publication et le Commerce du Livre.

J'ai une dette envers les éditions *Mir* (URSS), semblable à celle que j'ai pour Addison-Wesley aux États-Unis. Je suis particulièrement reconnaissant à Vladimir P. Kartsev, directeur de *Mir*, homme charmant et supporter inconditionnel de ce projet. Il en est de même pour Guennadi B. Kurganov, éditeur principal, négociateur hors pair, ainsi que pour Youri L. Maximov, chef de projet chez *Mir*, au dévouement sans faille.

Je voudrais mentionner les efforts déployés sans compter par Vladimir Denisenko du Conseil Intercosmos et par Vyacheslav Propoi, Dimitri Zaidin, Alexander Gvozdievsky, Boris Gerasimov, Alexander Burdakov et Youri Kuzmin, appartenant tous aux éditions *Mir*. Coordonner les activités de tant de personnes différentes et assurer la réalisation d'un projet aussi complexe a requis une somme d'énergie et une habileté dans l'art de l'administration peu communes : Donara Zakharova, vice-éditeur des éditions *Mir*, réunit toutes ces qualités.

Deux agences m'ont assisté dans la recherche photographique en URSS. À l'*Agence Novosti*, le directeur général Valentin Falin, le chef du département photo Evgueni Bogomolov, le vice-président V.A. Verbenko et l'éditeur principal B.G. Vlasov se sont montrés des plus obligeants. À Novosti encore, l'assistance de Fédor Svetanov, de Tatylana Popova et d'Alex Duzofeyev, chef suppléant du département industriel, a été remarquable. L'agence TASS nous a fourni un appui capital en procurant les matériels photographiques. J'en suis redevable à Viktor N. Zatseppin, éditeur principal de *Fotokhronika*. Mes remerciements les plus chaleureux vont à Margarita Vinogradova, directrice de la filmothèque de TASS et à Paul Petrov, du Bureau d'exportation de la photographie.

Les contenus des versions anglaise et russe de cet ouvrage sont identiques, même s'ils comprennent plusieurs langages. Cette prouesse est à mettre au crédit des traducteurs. Je me dois d'exprimer mes remerciements à Anatoly Weber pour la qualité de ses traductions de l'anglais en russe, et à Richard Hainsworth qui a traduit les textes russes en anglais, avec enthousiasme et rapidité, passant parfois des nuits blanches pour répondre aux délais imposés par le courrier. Des collègues ont apporté leur assistance à la réalisation de cette tâche : aux éditions Raduga, je citerai Viktor Khmyzov, Vera Selivanova, Natalia Chukanova, Lilia Khomutova et Tibery Borzho; aux éditions Mir, je mentionnerai Galina Bikulova, Galina Zakharova, Elena Troshneva, Svetlana Landau, Galina Matveyeva, Devendra Prasad Verma, Muhammad Javad Almuhammad, Lev Glotov, Fedor Petrov, Mark Chernyak et Alexander Yastrebov.

L'un des privilèges majeurs de cette entreprise a sans conteste été mon introduction auprès d'Elena Korre, principal auteur des travaux initiaux effectués sur les manuscrits des cosmonautes.

Mes remerciements les plus sincères vont vers Lev Desinov, Youri Kienko et Viktor Permitinov, du Centre d'État pour la Nature, pour l'aide qu'ils ont apportée dans la sélection et la préparation de diapositives de haute qualité. Anatoli Lepikhov a rassemblé ces clichés et publié certains d'entre eux.

Je me dois d'exprimer ma gratitude pour les efforts passionnés que Youri Voronov a accomplis dans la publication du matériel en langue russe.

Toute ma reconnaissance va à mon épouse Susan, qui a participé à tous les niveaux de l'élaboration de cet ouvrage. Ses sages conseils, ses encouragements et son indéfectible amour m'ont soutenu tout au long de cette entreprise, parfois bien lourde. Mes remerciements vont aussi à mes enfants, Vanessa et Aaron, pour leur participation, leurs remarques pleines de bon sens et leur affection.

Par leur amour de la Nature et du Beau, mes parents ont contribué à jeter les bases de cet ouvrage. Je remercie mon père de m'avoir transmis son intérêt pour la Science, et de m'avoir appris à arriver au bout des tâches les plus ardues. Je dois à ma mère cette sensibilité au mystérieux et à l'insondable.

À tous ceux qui m'ont aidé : vous m'avez fait comprendre qu'il n'y a rien qui ne puisse être accompli, pourvu que coexistent imagination, engagement de soi et dévouement. Cette réalité est pour moi la plus grande source d'espoir pour l'avenir de ce monde.

Kevin W. Kelley